Emmanuel Macron

Vérités et légendes

Arthur Berdah

Emmanuel Macron

Vérités et légendes

Collection dirigée
par Emmanuel Hecht

PERRIN

Déjà parus

Ayache Georges, *Kennedy. Vérités et légendes.*
Brigouleix Bernard et Gayral Michèle, *L'Élysée. Vérités et légendes.*
Brunaux Jean-Louis, *Les Gaulois. Vérités et légendes.*
Dickès Christophe, *Le Vatican. Vérités et légendes.*
Martin Jean-Clément, *La Terreur. Vérités et légendes.*
Pagès Alain, *L'Affaire Dreyfus. Vérités et légendes.*
Pincas Éric, *La Préhistoire. Vérités et légendes.*
Piouffre Gérard, *Le* Titanic. *Vérités et légendes.*
Porte Rémy, *1940. Vérités et légendes.*
Renaud Jean, *Les Vikings. Vérités et légendes.*
Sartre Annie et Maurice, *Palmyre. Vérités et légendes.*
Solnon Jean-François, *Versailles. Vérités et légendes.*
—, *Louis XIV. Vérités et légendes.*
Vey François, *La Tour Eiffel. Vérités et légendes.*

92, avenue de France
75013 Paris
Tél. : 01 44 16 08 00

ISBN : 978-2-262-08637-4
Dépôt légal : mai 2021

Mise en pages : PCA

À Noémie,
mes parents,
et ma sœur

Préface

Un banquier d'affaires millionnaire, nommé secrétaire général adjoint de l'Élysée puis ministre de l'Économie par un président socialiste qui « n'aime pas les riches », se lance dans la bataille politique. Contre toute attente, il est élu huitième président de la Ve République. Une série politique oserait-elle un scénario aussi hardi ? Et pourtant, c'est en suivant ces étapes qu'Emmanuel Macron s'est imposé comme le chef de l'exécutif de la sixième puissance mondiale.

Rappelez-vous. À l'été 2014, François Hollande le propulse à Bercy. La gauche la plus arc-boutée sur les avantages acquis pousse des cris d'orfraie. Le loup déguisé en agneau ne va-t-il pas perpétrer un carnage dans la bergerie socialiste ? « Il ne passera pas ! », jurent les « frondeurs », gardiens autoproclamés de l'orthodoxie. Déterminés à combattre le moindre marqueur « de droite », ils s'acharnent sur la loi pour la croissance, l'activité et l'égalité des chances économiques, dite « loi Macron ».

Déjà, les candidats à la prochaine élection présidentielle pointent leur nez. Jean-Luc Mélenchon et Benoît Hamon promettent d'en finir avec le « virage libéral-sécuritaire ». François Hollande, « Monsieur 3 % », parie sur un miracle. Alain Juppé, conforté par les sondages, souhaite incarner le bloc central des Français. Nicolas Sarkozy vante son expérience. François Fillon invoque sa probité. François Bayrou et Manuel Valls se tiennent prêts, au cas où. Personne ne parierait un kopeck sur Emmanuel Macron, qui a créé en avril 2016 son parti, En marche !, et a démissionné quatre mois plus tard du gouvernement. Encore moins sur son hypothétique candidature à l'élection présidentielle. A-t-il déjà brigué un mandat ? Possède-t-il la moindre expérience locale ? Quels sont ses réseaux politiques ? Quelles sont ses troupes ? Bref, Macron, « combien de divisions » ?

C'est oublier que, sous la Ve République, l'élection présidentielle est la rencontre entre un homme et le peuple. Le 7 mai 2017, Emmanuel Macron est élu avec 66,10 % des suffrages exprimés, contre 33,90 % à Marine Le Pen. Cette irrésistible ascension a eu peu de témoins directs, si ce n'est la petite bande de trentenaires artisans de ce raid victorieux. Leur dévouement et leur culte du secret leur valent le surnom de « mormons », à l'instar des membres de la très discrète secte du Nouveau Monde.

Journaliste politique au *Figaro*, j'ai suivi la campagne présidentielle épique d'Emmanuel Macron. J'y ai, dès le début, côtoyé le candidat et son entourage. Et depuis leur victoire, je « couvre » l'Élysée. À plusieurs reprises, j'ai accompagné le chef de l'État dans ses déplacements, parfois en tête à tête. Pour ce livre, fruit de plusieurs années d'enquête, il m'a accordé une longue « interview-vérité ».

Quatre ans après son élection, de nombreux Français continuent de s'interroger sur ce « président caméléon ». Sur cet homme capable de trahir son mentor François Hollande, alors que le sens de la fidélité semble être son talon d'Achille. Sur cet insatiable séducteur qui a suscité une colère et une haine rarement atteintes. Qui est Emmanuel Macron ? Un réformateur authentique ? Un écologiste par opportunisme ? A-t-il méprisé élus et syndicats ? Les Gilets jaunes l'ont-ils changé ? Est-il responsable de l'ampleur de l'« affaire Benalla » ? Brigitte Macron est-elle sa première conseillère ?

Cet ouvrage a pour vocation de répondre à toutes ces questions, en faisant le tri entre ce qui relève de la légende et ce qui tient de la vérité. Afin de mieux cerner le premier des Français. Dans ses contradictions. Ses ambiguïtés. Sa complexité.

1

A-t-il toujours rêvé d'être président ?

« Il a construit sa trajectoire [...] en ne se laissant pas enfermer dans des *cursus honorum* ou dans des jeux de petits chevaux. »

Sylvain Fort,
ancienne plume d'Emmanuel Macron

La formule est célèbre depuis que Nicolas Sarkozy l'a popularisée en 2003. La présidentielle ? Oui, l'ambitieux ministre de Jacques Chirac y pensait tous les matins en se rasant... Et « pas seulement » ! Est-ce pour cette raison que, treize ans plus tard, un autre ministre – socialiste cette fois, mais tout aussi ambitieux – a cessé de se raser ? Pour ne plus penser à la fonction suprême ? Gagner du temps face à l'irrésistible attraction de l'Élysée ? À la rentrée 2016, Emmanuel Macron apparaît en tout cas devant les caméras avec une barbe de trois jours. « Anecdotique », diront ses proches, faussement étonnés par l'engouement autour de ce « détail ». Le coup de com est réussi. Il attire l'attention de la presse people comme des médias généralistes. Il alimente surtout le récit sur le destin présidentiel que nourrit à grand renfort de cartes postales ce jeune ministre de l'Économie pour qui les verrières de Bercy semblent trop étroites.

« Dès qu'il a mis le doigt dans la politique, il a espéré aller le plus haut possible. Et dès lors qu'il était ministre, il imaginait déjà la suite, confirme son ancien directeur de campagne, Jean-Marie Girier. Il a toujours aspiré à la lumière[1]. » « Toujours » ? Les témoignages corroborant cette thèse sont rares. Car les longs compagnonnages d'Emmanuel Macron se comptent sur les doigts de la main. Ça n'est pas faute, pourtant, d'avoir accumulé plusieurs vies en un temps record. De 2004 à 2017, il a successivement été inspecteur général des finances, rapporteur adjoint de la commission Attali[2], banquier d'affaires chez Rothschild, conseiller économique de François Hollande, secrétaire général adjoint de l'Élysée, entrepreneur éphémère, ministre de l'Économie, candidat à l'élection présidentielle… Puis, chef de l'État à seulement trente-neuf ans, une première dans l'histoire de la République. « Il y a chez lui

1. Entretien de Jean-Marie Girier avec l'auteur.
2. Commission pour la libération de la croissance française.

une accélération permanente vers l'étape suivante. Il a construit sa trajectoire comme ça : en ne se laissant pas enfermer dans des *cursus honorum* ou dans des jeux de petits chevaux[3] », résume son ancienne plume, Sylvain Fort.

Sans s'attarder nulle part, Emmanuel Macron marque les esprits partout où il passe. Il laisse une trace. Sa marque de fabrique est simple : on ne l'oublie pas. Au mieux, on l'adore. Au pire, on l'aime bien. Pourvu qu'on ne le déteste pas. Toujours séduire, mais ne jamais oublier d'être stratège. Le procédé est si bien rodé qu'on le suspecte aujourd'hui d'être un manipulateur insincère. Et si ce qu'il appelle les « chemins de traverse » de son parcours professionnel n'avaient été pensés que dans un seul but : accéder au 55 de la rue du Faubourg-Saint-Honoré ? Et s'il avait cherché, dès le départ, à se forger un profil « iconoclaste », pour en faire un argument marketing un jour ? Ses détracteurs en sont persuadés. Ses amis jurent le contraire. « Les gens qui rêvent d'être président, ils ne supportent pas d'être loin de la politique. Or, lui, il n'a eu aucun mal à s'en éloigner[4] », évacue son ex-conseiller spécial, Ismaël Emelien.

Une chose est sûre : si le rêve élyséen a toujours figuré dans l'esprit d'Emmanuel Macron,

3. Entretien de Sylvain Fort avec l'auteur.

4. Entretien d'Ismaël Emelien avec l'auteur.

cela a longtemps été un scénario parmi beaucoup d'autres. « Je crois que j'ai sans doute voulu être acteur de théâtre, écrivain, avant même de faire de la politique[5]... », se souvient-il. Cette piste ne tardera pourtant pas à devenir une option. Puis une conviction. Et, enfin, une réalité. Car même s'il n'a jamais verbalisé son ambition présidentielle en public, ceux qui l'ont croisé sur les bancs de Sciences Po il y a vingt ans se souviennent d'y avoir pensé pour lui. C'est le cas de Jean-Marc Borello. Le président du groupe SOS[6], qui enseignait l'économie sociale à ses étudiants pour les préparer à l'ENA, a repéré son protégé dès le début des années 2000, lorsqu'un jeune homme aux longs cheveux châtains ébouriffés se rue sur lui à l'issue d'un cours. Il se présente rapidement. Puis explique qu'il doit absolument se rendre dans l'une des entreprises dont le conférencier vient de lui parler. Visiter le site. Rencontrer les gens. Comprendre le fonctionnement... Bref, aller au contact, sur le terrain. Comme si les germes de la fibre présidentielle poussaient déjà en lui.

Dirigeant associatif de renom et militant politique de longue date, Jean-Marc Borello pensait avoir tout vu et tout connu des profils

5. Entretien d'Emmanuel Macron avec l'auteur, le 24 septembre 2020.

6. Premier groupe européen d'économie sociale et solidaire.

de présidentiables. Jusqu'à ce jour. Après avoir conduit Emmanuel Macron à « L'Usine » de la Plaine Saint-Denis – et l'y avoir observé –, il réalise que son élève est promis à un avenir national. Et que l'anonymat de la haute fonction publique ne résistera pas longtemps à son irrépressible envie de « faire ». Faire, tout en étant connu et reconnu pour cela. Car c'est là, aussi, l'une des clés de lecture du CV d'Emmanuel Macron. Ce double besoin permanent, que seule la politique peut assouvir : réussir de grandes choses et faire en sorte que cela se voie. « Je suis allé dans le secteur privé en pensant à la politique », confirme-t-il. « Est-ce que je pensais être candidat à la présidence de la République, là ? Non, ça c'est faux », rectifie-t-il aussitôt. « Je trouve que c'est quelque chose qui se mûrit progressivement. »

Car une telle aspiration implique d'être sûr de sa force. Cela tombe bien, Emmanuel Macron a rarement douté de ses capacités, persuadé que rien ne pourrait l'arrêter. *« Sky is the limit »*, répète-t-il d'ailleurs sans cesse début 2016, lorsque le lancement d'En marche ! est secrètement dans les cartons. À cette période, le ministre de l'Économie réunit régulièrement la poignée de proches dans la confidence. Il leur répète qu'il compte inscrire son action dans le moyen terme. Qu'il se projette sur quinze ans. Et que sa construction politique ne correspond pas à un cheminement présidentiel immédiat. Tout porte à croire le contraire. Tout le monde le sait, mais fait mine de le croire. À commencer par l'intéressé lui-même. Très vite, pourtant, le confort de l'ambiguïté menace de virer au handicap. Il faut sauter le pas. Les sondages sont encourageants. Les ballons d'essai sont concluants. Mais rien de tout cela ne suffit pour tenter le pari d'une vie. Alors il faut un test à taille réelle. Ce sera le meeting de la Mutualité, le 12 juillet 2016. Face au succès de cette première réunion publique, qui rassemble plusieurs milliers de sympathisants à Paris, le trentenaire se met à assumer. Plus rien ne pourra l'empêcher de se présenter quelques mois plus tard.

Lui qui n'a encore jamais été élu nulle part ni été candidat à aucune élection sait qu'il ne doit rien laisser au hasard. Son jeune âge et son passé de banquier d'affaires lui interdisent tout faux pas. Il n'a droit ni à l'erreur ni à l'amateurisme. Encore moins à l'impréparation. Alors il étoffe son entourage. Beaucoup de technocrates. Quelques grands élus. Ensemble, la petite bande se fixe un objectif : forger une stature présidentielle à son champion. Cela passe par plusieurs étapes symboliques. De grandes interviews. Quelques concepts phares. « Réconcilier les Français », ne pas siffler ses adversaires… Toutes ces constantes qui jalonnent la campagne du leader d'En marche ! n'ont qu'un seul but : le présidentialiser. Emmanuel Macron veut habiter la fonction. Il veut se préparer à enfiler un costume que l'on dit trop grand pour lui. Alors il travaille. Il planifie. Il anticipe.

À mesure que les semaines passent, les planètes s'alignent presque miraculeusement. Les obstacles disparaissent les uns après les autres. Les primaires de la droite et de la gauche confirment le pressentiment d'Emmanuel Macron : chaque camp se replie sur son noyau dur et les candidats « centraux » sont écartés. Alain Juppé et Manuel Valls ne sont plus des menaces. L'affaire Fillon et la radicalité de Benoît Hamon se chargeront du reste, en disqualifiant Les Républicains et le Parti socialiste. Quant au vote extrême, il se divise presque à égalité entre Marine Le Pen et Jean-Luc Mélenchon. L'horizon se dégage. Un espace se crée. Il ne se refermera plus ensuite. « Je n'ai jamais cru que les numéros un et les numéros deux appartenaient à la même espèce. Je pense que lui, sa pente naturelle était d'être numéro un. Certains y voient le hasard... Moi j'y vois quelque chose d'un peu plus dirigé. Je crois au destin. Ou à la providence[7]... », s'enflamme François Bayrou, le président du MoDem. D'aucuns préféreront parler de chance. Mais la chance, n'est-ce pas justement la rencontre de l'opportunité et de l'anticipation ?

7. Entretien de François Bayrou avec l'auteur.

2

A-t-il trahi François Hollande ?

> « Il est rentré, il s'est mis à jouer du piano, et il m'a dit qu'il allait être candidat. »
>
> Brigitte Macron à des amis proches

L'arbitre a multiplié les cartons jaunes. Sans jamais oser sortir le rouge. Entre François Hollande et Emmanuel Macron, le match était plié bien avant le coup de sifflet final. Peut-être même dès le coup d'envoi. Les prémices de la trahison sont apparues dès 2012. À peine arrivé à l'Élysée, le jeune secrétaire général adjoint de la présidence s'est mis à critiquer celui dont il avait été le conseiller économique durant la campagne. « Je suis un homme dont la parole publique n'existe pas », prenait-il la précaution de préciser à tous les interlocuteurs qu'il recevait. Les rendez-vous en question avaient systématiquement lieu dans une annexe du Château. Il faut dire que les murs du palais sont connus pour avoir des oreilles et que cela ne l'arrangeait pas pour lâcher ses coups. Le plus retentissant restera le regard qu'il a posé sur la taxe à 75 % proposée par son champion pour imposer les hauts revenus[1]. « C'est Cuba sans le soleil ! », fait-il ironiquement savoir à ceux qui l'interrogent sur le sujet. Comme s'il avait intériorisé le « ras-le-bol fiscal » avant l'heure. À moins qu'il ne l'ait lui-même théorisé. « En s'attaquant aux ménages aisés, on a tapé les relais d'opinion et les manipulateurs de symboles. On pensait que ça passerait en épargnant une majorité de nos concitoyens. Mais on a ignoré que le Français avait mal dans l'impôt… Y compris dans celui qu'il ne paie pas ! Ce sont nos deux erreurs », analyse-t-il en juillet 2013. Soit un mois jour pour jour avant que le ministre de l'Économie de l'époque, Pierre Moscovici, ne reprenne ce réquisitoire à son compte. Cette sortie lui vaudra, entre autres, d'être débarqué de Bercy quelques mois plus tard. Où, ironie de l'histoire, il sera remplacé *in fine* par un certain… Emmanuel Macron.

Démissionnaire du secrétariat général adjoint de la présidence à l'été 2014, le trentenaire est aussitôt rappelé par Manuel Valls. Le Premier ministre le veut dans son gouvernement. Il compte sur lui

---

1. François Hollande a proposé d'imposer une « contribution exceptionnelle de solidarité » de 75 % aux revenus dépassant un million d'euros par an, avant de renoncer une fois élu.

pour incarner le virage social-libéral du quinquennat. La négociation au sommet de l'exécutif est laborieuse. Venu tout droit de l'ancien monde, le président imagine mal nommer quelqu'un qui n'a jamais été élu nulle part. Mais il finit par céder face à l'insistance du Premier ministre. S'ensuit une discussion avec le principal intéressé. Parti pour lancer une start-up d'enseignement public à distance avec ses amis Julien Denormandie et Ismaël Emelien, l'éphémère entrepreneur hésite : il osait à peine rêver d'un secrétariat d'État lors du remaniement d'avril 2014. Et voilà qu'on lui propose quatre mois plus tard un ministère de plein exercice. Et pas n'importe lequel. Ambitieux, il sait qu'il ne doit pas passer à côté de l'occasion. Mais il exige plusieurs garanties, dont le fait de bénéficier d'une certaine liberté de ton et d'action. Après avoir été le principal artisan de l'ombre du « pacte de responsabilité » (CICE)[2] annoncé à la surprise générale lors des vœux du 31 décembre 2013, il souhaite poursuivre cette logique de réforme et de modernisation de l'économie. Mandat lui est donné. Un accord est trouvé.

Dès le lendemain, pourtant, c'est le retour du poil à gratter. Dans une interview au *Point* accordée la veille de sa nomination – quand il ne savait

2. Un crédit d'impôt mis en place pour inciter les entreprises à employer.

pas encore qu'il entrerait au gouvernement vingt-quatre heures plus tard –, le nouveau ministre de l'Économie suggère d'assouplir la loi sur les trente-cinq heures. « Nous pourrions autoriser les entreprises et les branches, dans le cadre d'accords majoritaires, à déroger aux règles de temps de travail et de rémunération », esquisse-t-il. Certes, il conditionne cette option « à la condition explicite qu'il y ait un accord majoritaire avec les salariés ». Mais peu importe. La gauche épidermique ne laisse que peu de place à la nuance quand on touche à ses totems. La suite se déroule en trois temps : la droite applaudit ; ses collègues socialistes se désolidarisent ; le locataire de Bercy est sommé de faire marche arrière. La chorégraphie se rode immédiatement. Cela tombe bien, elle se reproduira à de très nombreuses reprises en deux ans. Notamment avec la fameuse « loi Macron ».

Ce texte restera l'acte fondateur de son destin présidentiel, sur le fond comme sur la forme. D'abord parce qu'il pose les bases d'une libéralisation du Code du travail. Ensuite parce qu'il nécessite quelque deux cents heures de débat à l'Assemblée, lors desquelles le ministre fait parler sa force de persuasion. Enfin parce que la loi a finalement été adoptée en force, sans vote, grâce à un 49-3 décidé à Matignon avec l'accord de l'Élysée. Les deux têtes de l'exécutif redoutent la fronde de l'aile gauche, alors ils la contournent. « C'est une forme d'humiliation qui a été un premier point de bascule[3] », se souvient Jean-Marie Girier, qui a été son directeur de campagne en 2017.

Car à compter de ce jour, l'histoire d'Emmanuel Macron est en marche. Le benjamin du gouvernement constate l'impasse dans laquelle se trouve la classe politique. Il la juge enfermée dans ses dogmes. La trouve incapable de dépasser les clivages traditionnels pour dégager un compromis. Il considère que l'opposition s'oppose en attendant son tour et que la majorité se divise pour tenter d'exister. Surtout, il constate que personne n'avance. Alors en même temps qu'il nourrit une réflexion sur l'état des partis, le ministre de l'Économie élargit son champ de compétences.

Tandis qu'en 2015 la France a été frappée par une vague d'attentats islamistes qui a fait cent cinquante morts, Manuel Valls entreprend un virage sécuritaire. Plus le Premier ministre durcit sa ligne, plus Emmanuel Macron construit la sienne. L'un ne trouve « aucune excuse sociale, sociologique et culturelle » aux djihadistes ? L'autre déplore un « terreau [qui est] de notre responsabilité ». L'un dénonce l'objectif inatteignable d'Angela Merkel d'accueillir 800 000 migrants en pleine crise des réfugiés ? L'autre salue un geste courageux « sur le plan moral et politique ». L'un porte la déchéance

3. Entretien de Jean-Marie Girier avec l'auteur.

de nationalité pour les terroristes binationaux ? L'autre exprime son « inconfort philosophique » vis-à-vis de cette mesure.

« Je ne me mettrais pas dans l'"anti-Valls", parce que je ne me suis jamais construit comme ça[4] », prétend Emmanuel Macron aujourd'hui. Il n'empêche. Ce petit jeu entre les deux frères ennemis du gouvernement se poursuivra des semaines durant. Jusqu'au point culminant : l'abandon de la « loi Macron 2 » (appelée « Noé »), finalement éclatée et répartie entre la loi Travail de Myriam El Khomri et la loi Sapin. « C'est à ce moment-là que le choix de François Hollande est apparu comme un problème. Et qu'Emmanuel Macron a eu l'intuition qu'il faisait partie des solutions[5] », juge, avec le recul, le président de l'Assemblée nationale, Richard Ferrand. Celui qui n'était à l'époque que député du Finistère se souvient avoir vu le ministre de l'Économie passer de la rupture au divorce. Quant à Brigitte Macron, elle raconte souvent à ses amis la scène à laquelle elle a assisté ce jour-là : « Il est rentré, il s'est mis à jouer du piano, et il m'a dit qu'il allait être candidat. »

À compter de cet épisode, Emmanuel Macron et Manuel Valls ne font même plus l'effort de

4. Entretien d'Emmanuel Macron avec l'auteur, le 24 septembre 2020.

5. Entretien de Richard Ferrand avec l'auteur.

dissimuler leur rêve élyséen. Sous le regard aussi amusé qu'impuissant de François Hollande. Habitué à la stratégie du trou de souris, « Monsieur 3 % » ne s'émeut guère de l'impopularité dans laquelle il s'enfonce. Il est persuadé que les deux étoiles montantes du progressisme finiront par se neutraliser, trop dévorées par leurs ambitions respectives. Il continue de penser que lui seul saura incarner la « synthèse » le moment venu. « A-t-il eu raison de laisser un ministre se comporter ainsi pendant des mois ? Bien sûr que non !, analyse aujourd'hui Manuel Valls. Je lui ai d'ailleurs demandé d'en changer [de ministre] plusieurs fois[6]. » Sans jamais être écouté.

Pis : toutes les tentatives du Premier ministre se retourneront contre lui. Plus il tire la sonnette d'alarme, plus on l'accuse de vouloir servir ses propres intérêts. Il devient le « traître ». Quant au président, il ne veut pas imaginer que sa propre créature puisse lui échapper. « Nous pensions tous que François Hollande serait candidat, sauf circonstance exceptionnelle. Emmanuel Macron, lui, a tout de suite vu qu'il ne serait pas candidat, sauf circonstance exceptionnelle », résume Manuel Valls. La stratégie du trentenaire fonctionne à plein. Il n'est pas inquiété par François Hollande lorsqu'il lance En marche !, le 6 avril 2016. Il

6. Entretien de Manuel Valls avec l'auteur.

ne l'est pas plus lorsqu'il organise son premier meeting à la Mutualité, le 12 juillet suivant. Et il n'est toujours pas menacé lorsqu'il débauche des socialistes historiques à tour de bras. Bref, il ne sera jamais inquiété jusqu'à sa déclaration de candidature, le 16 novembre – quinze jours seulement avant le renoncement de François Hollande. Ni jusqu'à sa propre élection. Les problèmes ne commenceront qu'après.

Car son mentor ne lui pardonnera jamais cette trahison. Tel Jules César qui, découvrant Brutus venu l'assassiner, lui lança « *Tu quoque, mi fili* » (« Toi aussi, mon fils ! »), François Hollande paraîtra d'abord interloqué par ce parricide. S'estimant « victime » de son protégé. Plus tard, il ne manquera toutefois pas une occasion de se venger. En le traitant de « président des très riches » ; en l'accusant d'être « passif dans le couple » avec Donald Trump ; en lui déniant le moindre point commun avec François Mitterrand, si ce n'est d'« être président »... Ou encore en critiquant publiquement son approche diplomatique de la situation en Syrie et son « manque de fermeté » vis-à-vis de la Russie. « Il n'aura pas attendu longtemps avant de me faire à moi ce qu'il a reproché à Sarkozy de lui avoir fait », s'agacera Emmanuel Macron en privé. Preuve que le cordon avait été définitivement coupé entre eux. Mais pas question pour autant de montrer le moindre signe de cette détestation en public. Le chef de l'État y a mis un point d'honneur. Car reconnaître qu'il aurait trahi celui qui l'a mis en selle, ce serait admettre cette part de cynisme et de froideur inavouable, qu'il a eu tant de mal à dissimuler jusqu'ici. Quand ses amis le mettent face à cette réalité, il éructe systématiquement. Il préfère se mentir à lui-même et se convaincre qu'il conserve de l'affection pour son ancien patron. « Je garde [pour lui] de l'amitié, de l'estime… et même de la tendresse », glisse-t-il. Sur un ton paternaliste qui trahit presque de la pitié.

3

Entretient-il une complicité avec Nicolas Sarkozy ?

> « Il n'y a rien qui se démode plus que le nouveau monde. »
>
> Nicolas Sarkozy

Ils se sont trouvés sans jamais s'être trop cherchés. Entre Emmanuel Macron et Nicolas Sarkozy, il n'y a pas de tension et le courant passe. Les deux hommes ont eux-mêmes été surpris par leur bonne entente lorsqu'ils ont commencé à se côtoyer, puis à se fréquenter, en 2017. « Ce sont deux chiens de garde qui se sont reniflés et qui [...] se sont appréciés », résume un ami de l'actuel président. C'est d'ailleurs le nouvel hôte de l'Élysée qui, le premier, a proposé une rencontre à son prédécesseur et à son épouse, sans la moindre médiatisation. Sans doute cette démarche poursuivait-elle plusieurs objectifs. À commencer par la quête de crédibilité d'un chef de l'État de trente-neuf ans à peine, qui n'avait exercé aucun mandat local ni national avant d'accéder à la fonction suprême.

Pour Emmanuel Macron, se faire accepter de Nicolas Sarkozy, c'est entrer dans le cénacle des présidents de la Ve République, ce club ultraprivé dont Valéry Giscard d'Estaing, Jacques Chirac et François Hollande étaient les trois autres seuls membres encore en vie à l'époque. Retirés de longue date, les deux premiers demeuraient des figures historiques. Quant au dernier, il n'a pas plus endossé le costume d'ex-président qu'il n'avait su enfiler celui de président. L'avantage de Nicolas Sarkozy, c'est d'être suffisamment ancien pour incarner l'expérience, et encore assez récent pour continuer à peser. Notamment sur la droite. Battu au premier tour de la primaire de son camp en 2016, l'ancien chef de l'État en demeure paradoxalement le leader incontesté. La seule figure qui fait encore autorité au sein d'une famille politique bonapartiste, où la culture du chef écrase tout le reste, c'est lui. Choyer Nicolas Sarkozy, c'est entretenir son influence. Et entretenir celle-ci, c'est empêcher l'émergence d'un successeur. Bref, c'est fracturer la droite. Le coup parfait.

Après avoir éparpillé la gauche « façon puzzle » depuis l'intérieur, voilà donc que l'ancien conseiller puis ministre de François Hollande participe, depuis l'extérieur, à l'impossible reconstruction du camp d'en face. Une stratégie gagnant-gagnant, qui a poussé Emmanuel Macron à « traiter » Nicolas Sarkozy sur le long terme. Aussi bien sur le plan politique que personnel. C'est ainsi qu'en 2017 il envoie deux motards de la police pour escorter discrètement la dépouille d'Andrée Sarkozy, un geste qui aura « touché » son fils. Ou qu'il le convie en mars 2020 au soixante-quinzième anniversaire de la bataille du plateau des Glières, haut lieu de la Résistance, dont l'ancien président avait fait un pèlerinage.

En privé aussi, Emmanuel Macron s'évertue à recevoir Nicolas Sarkozy. À le consulter. À l'écouter. Et presque à l'imiter. Parfois sans le vouloir, souvent en s'y employant. Comme un soir de décembre 2018, lorsqu'il a fallu tracer un chemin de crête pour sortir de la crise des Gilets jaunes. Dans une allocution particulièrement solennelle, le président annonce, en direct à la télévision, une accélération de la mise en place de la défiscalisation des heures supplémentaires. Certes, la mesure figurait dans son programme de campagne. Mais elle n'était pas censée être mise si tôt en œuvre. Aucun ministre n'avait d'ailleurs été prévenu de ce changement de calendrier. Une indiscrétion viendra confirmer plus tard la rumeur selon laquelle Nicolas Sarkozy est à l'origine de cette décision suggérée dans le huis clos d'un de leurs entretiens.

Rebelote quelques mois plus tard, lorsqu'il a fallu sortir de la première vague de la Covid-19. Là encore, Emmanuel Macron a sollicité son prédécesseur, qui l'a convaincu de ne pas reproduire sa propre erreur, commise dix ans plus tôt, lorsqu'il avait renoncé à changer de Premier ministre en cours de mandat, pour redonner du souffle à son quinquennat[1]. Édouard Philippe n'aura pas eu cette chance. Solide dans la tempête, populaire dans l'opinion, le chef du gouvernement a été limogé au profit d'un… sarkozyste, ancien secrétaire général adjoint de l'Élysée entre 2011 et 2012 : Jean Castex. Lequel est arrivé accompagné d'un Gérald Darmanin promu à Beauvau, et d'un Bruno Le Maire installé à la tête d'un grand Bercy reconfiguré. Autant de nominations qui, de l'avis même de Nicolas Sarkozy, sont allées « dans le bon sens ».

En multipliant les *satisfecit* à Emmanuel Macron, l'ancien chef de l'État joue également sa propre partition. D'abord, il retrouve la position de vieux sage dont François Hollande l'avait privé en l'excluant de son quinquennat. Ensuite, il cultive sa propre stature. Comme s'il essayait de construire sa légende. « Il ne faut jamais oublier qu'il reste dans la nostalgie du paradis perdu de l'Élysée », met régulièrement en garde Richard Ferrand. Doté d'un puissant flair politique qui l'a conduit à soutenir Emmanuel Macron dès 2015, le président de

1. Nicolas Sarkozy avait songé à remplacer François Fillon par Jean-Louis Borloo.

l'Assemblée nationale invite à la vigilance face à Nicolas Sarkozy, qu'il a lui-même appris à apprécier après l'avoir combattu du temps où il était au PS.

Aussi énergique, batailleur et ambitieux que son lointain successeur, l'ancien président connaît leurs points communs et leurs différences. L'un et l'autre ont incarné une rupture avec leur propre camp pour se faire élire. Chacun à sa manière. « Il n'y a rien qui se démode plus que le nouveau monde », feint d'ailleurs de moquer l'ancien président, fin 2020. Mais sur l'engagement européen, le réformisme économique et la modernité, valeurs qui avaient fait son succès en 2007, Nicolas Sarkozy se sait aujourd'hui à la traîne. D'où sa tentative de changement d'approche. Plus question de tenter un retour, mais tout faire pour devenir un recours.

Une seule inconnue pouvait venir contrecarrer ce plan : le calendrier judiciaire. Cité dans une douzaine d'affaires, l'ancien président a déjà bénéficié de deux recours. Mais quatre dossiers sont toujours en cours, dont celui « des écoutes », où il a été condamné en mars 2021 pour « corruption » et « trafic d'influence »[2]. Malgré sa décision

2. L'ancien président et son avocat sont suspectés d'avoir tenté d'obtenir des renseignements sur l'affaire Bettencourt auprès d'un magistrat de la Cour de cassation, en échange d'un poste à Monaco.

de faire appel, la très lourde peine dont il a écopé en première instance inclut de la prison ferme. Et écarte *a priori* définitivement tout avenir politique. L'ex-chef de l'État le sait mieux que personne. C'est pourquoi il se laisse désormais toutes les portes ouvertes. Y compris celle d'un soutien à Emmanuel Macron en 2022, qu'il a explicitement envisagé devant ses proches quelques jours après avoir appris la décision des juges. À ses conditions, certes, mais un soutien quand même. Il serait alors le bourreau de la droite après en avoir été le héros. Et faiseur de roi à défaut de président.

4

A-t-il une relation de confiance avec Édouard Philippe ?

« Vous savez, c'est toujours difficile de se faire un nom quand on a deux prénoms. »

Édouard Philippe quelques mois après sa nomination à Matignon

Un président hyperactif ; un Premier ministre d'apparence plus sage. Le tableau en rappelle étrangement un autre, dix ans plus tôt. Nicolas Sarkozy était à l'Élysée et François Fillon à Matignon. Le couple exécutif était imparfait, il avait pourtant tenu cinq ans. Contre vents et marées. À mi-mandat, le chef de l'État avait bien songé à remplacer le chef du gouvernement pour redonner du souffle à son quinquennat. Mais il n'avait pas osé aller au bout de la démarche. Alors, quand Emmanuel Macron lui a fait l'honneur de le sonder sur le « monde d'après » la crise de la Covid, le message de l'« ex » a été sans ambiguïté : « Commencez par remplacer Édouard Philippe. »

Le projet était déjà dans les cartons. Alors le conseil a été suivi à la lettre. Jean Castex a été appelé le 3 juillet 2020 et le maire du Havre a été remercié. Retiré dans sa cité portuaire, où il venait d'être triomphalement réélu aux municipales, l'élu normand ne s'est pas fait prier pour retrouver le « goût salé » qui manquait tant à ses « tripes ». Devenu personnalité politique préférée des Français dès l'été qui a suivi son départ, le juppéiste a très vite flirté avec le sommet des sondages. Un comble pour celui qu'un tiers des Français ne connaissait toujours pas six mois après sa nomination, le 15 mai 2017. « Vous savez, c'est toujours difficile de se faire un nom quand on a deux prénoms », plaisantait-il alors. La petite phrase résume le personnage : faussement modeste, parfaitement réaliste, et tout à fait subtile.

Ainsi, à tous ses amis qui voient en lui un présidentiable et à tous ceux qui le pressent de tenter sa chance en 2022, il répond systématiquement par la négative. Tout en veillant à ne jamais fermer définitivement la porte. L'ambiguïté qu'il a cultivée lors de la tournée promotionnelle de son livre, *Impressions et lignes claires*, début avril 2021, a été particulièrement éloquente de ce point de vue-là. Oscillant entre « loyauté » et « liberté », il a refusé de se présenter comme un soutien indéfectible et inconditionnel de l'exécutif. « Il nous répète qu'il ne sera pas candidat face à Emmanuel Macron », précisent toutefois ses proches. En clair : il ira peut-être si le président est empêché, mais il ne l'empêchera probablement pas d'y aller. Au contraire, il envisagerait même de l'y aider, selon certains. Non pas en jouant le rôle d'animateur d'une supposée « maison commune » – il ne le faisait déjà pas en tant que chef de la majorité, lui qui n'a jamais daigné télécharger la sacro-sainte application « Telegram » pour marquer son indépendance vis-à-vis des macronistes. Mais en continuant à faire ce qu'il a toujours fait de mieux : incarner l'élargissement. S'assurer que « la poutre travaille encore », comme il aime à le dire.

En 2017, lorsque Emmanuel Macron est allé le chercher, c'était précisément dans ce but. Les deux hommes ne se connaissaient pas. Ou très peu. Certes, ils s'étaient croisés sur les bancs de l'Assemblée, l'un comme ministre de l'Économie, de l'Industrie et du Numérique, l'autre comme député Les Républicains. Mais leur premier tête-à-tête public remonte au 1er février 2016. Ce jour-là, Emmanuel Macron se rend sur les chantiers de l'Atlantique à Saint-Nazaire. Il y est accueilli, entre autres personnalités, par le député-maire du Havre (Seine-Maritime) – un certain Édouard Philippe.

Le locataire de Bercy vient assister en grande pompe à la cérémonie des pièces du *MSC Meraviglia*, un paquebot assemblé sur les chantiers navals.

Occasion dont profite le croisiériste italien MSC pour confirmer la commande de deux paquebots de nouvelle génération auprès du groupe STX. Un seul cliché immortalisera la poignée de main entre les deux hommes. Ils y apparaissent bras dessus, bras dessous, et tout sourire. Comme s'ils devinaient que leur avenir se conjuguera ensemble. La troisième pièce du puzzle est d'ailleurs juste devant eux. C'est Alexis Kohler, quadragénaire à la croisée de tous les chemins : ancien condisciple d'Édouard Philippe à Sciences Po et directeur de cabinet d'Emmanuel Macron à Bercy. Il n'est pas sur la photo, mais la scène restera gravée dans sa mémoire.

Arrivé en tête du premier tour le 23 avril 2017, le leader d'En marche ! s'interroge assez vite sur le portrait-robot du Premier ministre idéal. Le chantre de la disruption écarte assez vite les choix les plus évidents : Gérard Collomb, François Bayrou, Richard Ferrand... Trop attendus. Il hésite un peu plus longuement sur Sylvie Goulard. N'est-ce pas lui qui a émis le « souhait » et la « volonté » de nommer une femme ? Le profil de cette centriste polyglotte, ancienne eurodéputée, est intéressant, mais il n'est pas parfait. Il y manque quelque chose. « La relation Élysée-Matignon est l'un des sujets les plus compliqués », s'inquiète-t-il en privé. Il est dans l'impasse, son équipe de campagne aussi... Ou presque. « Au soir du premier tour, il y avait un camp à 6 % – le Parti socialiste – et un autre à 20 % – Les Républicains. Donc il était facile de savoir où il fallait taper pour viser juste[1] », rappelle Sophie Ferracci, à l'époque directrice de cabinet et vieille amie d'Emmanuel Macron. Alexis Kohler partage son analyse. Mieux, il a une idée : il souffle le nom d'Édouard Philippe. Les macronistes pur sucre n'en ont jamais entendu parler. Après une recherche rapide sur internet, ils sondent la poignée de juppéistes qu'ils connaissent. La liste est courte, le tour est vite fait. Et les retours sont dithyrambiques. L'intéressé est approché, il semble intéressé. Il est invité une première fois au quartier général. Au volant, un chauffeur nommé Alexandre Benalla lui demande de se faire discret. La rencontre avec l'état-major se passe bien. Elle se reproduira quelques jours plus tard. Suffisant pour que l'affaire soit conclue.

Le secret restera si bien gardé que l'annonce fera son effet. Les Républicains en ressortent fracturés. Et Édouard Philippe devient l'argument décisif des tracts LREM aux législatives – sans jamais adhérer au mouvement pour autant. « Le premier succès de ce quinquennat, c'est le dépassement politique. Il ne faut jamais oublier ça[2] », insiste l'ancien ministre de l'Intérieur Christophe Castaner. Résultat, les macronistes font une entrée fracassante à l'Assemblée

1. Entretien de Sophie Ferracci avec l'auteur.
2. Entretien de Christophe Castaner avec l'auteur.

nationale. La confiance au Premier ministre y est très largement votée. L'opposition y est éclatée. Le quinquennat est lancé. Depuis les deux rives de la Seine, les deux têtes du couple exécutif apprennent à s'apprivoiser. Le président et son Premier ministre découvrent ensemble l'exercice du pouvoir. Leur inexpérience constitue un premier point commun. Presque le seul, d'ailleurs, tant ces deux énarques sont différents. Ils n'ont pas la même personnalité, pas le même âge, pas le même parcours, pas la même carrière et pas le même style. Et pourtant. Une relation de confiance se noue assez vite.

Entre eux, les termes du contrat sont clairs. Ils sont d'ailleurs fixés dès le départ. L'Élysée fixe le cap, Matignon l'applique. Les désaccords sont autorisés, à une seule condition : que personne n'en sache jamais rien. « Personne ne mettra le début du commencement de la moitié d'une feuille de papier à cigarette [entre nous] », auront-ils coutume de répéter. Il faut dire que le président et le Premier ministre jouent particulièrement le jeu. « Nous avons l'un et l'autre tenu à quelque chose auquel je suis très attaché, c'est un sens du secret des affaires de l'État », salue Emmanuel Macron, qui a apprécié la « très grande loyauté » d'Édouard Philippe « pendant trois ans »[3]. « Je ne l'ai jamais

3. Entretien d'Emmanuel Macron avec l'auteur, le 24 septembre 2020.

pris pour un collaborateur ou un rival », appuie le chef de l'État, qui a « confiance dans l'homme ».

Au point qu'il n'y a « jamais eu de jeux compliqués » entre les deux têtes de l'exécutif. *Idem* entre les cabinets, ce qui est plus rare sous la Vᵉ République. Preuve que la confidentialité et la discrétion constituent la recette du succès. Quand le président doit remettre à Édouard Philippe la grand-croix de l'ordre national du Mérite, décoration échue à tout Premier ministre après six mois d'exercice, il le fait à huis clos, et dans la bienveillance. En son temps, François Hollande avait profité de l'exercice pour humilier Manuel Valls face à la caméra[4] ? Emmanuel Macron, lui, prononce un discours dont les mots mettront des années à fuiter, tant le *verbatim* restera bien enfoui dans les archives de la République. *Idem* lorsqu'il décide de lui remettre la Légion d'honneur, cérémonie dont tout le monde s'évertue à taire autant que possible les détails de l'organisation, alors que l'événement a déjà été décalé à deux reprises.

La sacralisation est poussée jusqu'à l'extrême et le tandem fonctionne plutôt bien. À tel point

4. « [Clemenceau] n'est pas devenu président de la République, mais on peut aussi réussir son existence sans devenir président de la République », a lancé François Hollande à Manuel Valls.

qu'à l'été 2019 Richard Ferrand ne résiste pas à l'envie de contacter Emmanuel Macron et Édouard Philippe. Le président de l'Assemblée nationale a profité de ses vacances pour dévorer *C'était de Gaulle* (Gallimard), d'Alain Peyrefitte. Au fil des pages, il y découvre le duo que formaient de Gaulle et Pompidou. « Si on remplace les noms par les vôtres, on peut *mutatis mutandis* écrire le même livre ! », s'enthousiasme-t-il. La réponse d'Édouard Philippe le fait sourire : « Je ne peux pas avoir pareil compliment. Ce qui est amusant, c'est que Benoît Ribadeau-Dumas [son directeur de cabinet, NDLR] m'a dit la même chose. » Le Premier ministre et le président espèrent alors réussir leur pari : renouer avec le « sel des institutions ». Leur pas de deux tient son rythme. Par temps calme comme dans les tempêtes. Et il faut dire qu'elles sont nombreuses, de l'affaire Benalla à la contestation sur les retraites en passant par les Gilets jaunes et les démissions surprises dans le gouvernement, de Nicolas Hulot à Gérard Collomb.

Pourtant, l'épisode des 80 km/h[5] les fragilise. Celui de la taxe carbone[6] les affaiblit. Quant à la réforme des retraites, elle menace de les faire

---

5. Édouard Philippe décide d'abaisser de 10 km/h la vitesse sur certaines routes secondaires, avant de reculer.

6. Le Premier ministre rechigne à enterrer clairement cet impôt, ce qui oblige l'Élysée à rectifier ses propos.

vaciller. « J'ai une barbe, elle a blanchi, j'ai pris soixante ans, j'ai des cernes… Mais je suis à l'aise avec ce que je fais. La preuve ? Je le fais », relativise Édouard Philippe en petit comité, début 2020. Juste avant la crise de la Covid-19. Celle qui lui sera fatale. Non pas qu'il ait fauté dans sa manière de gouverner le pays. Au contraire : c'est à lui qu'Emmanuel Macron doit le retour en politique de Jean Castex. Mais tout simplement parce que l'expiration de son bail à mi-mandat avait été établie dès le départ. Il le savait, et il l'a accepté. Même s'il prétend le contraire aujourd'hui. « Je lui en avais parlé… », confirme Emmanuel Macron. « Dans la vie de notre pays, il faut des respirations. […] Il est important de se dire que la durée de vie d'un Premier ministre n'est pas forcément celle du président », ajoute-t-il.

En clair, le président de la République savait qu'il aurait un jour besoin d'« imprimer autre chose » et de changer de Premier ministre pour « répondre à d'autres aspirations du pays ». « D'ailleurs, il n'y aurait pas eu la crise, je l'aurais fait juste après les municipales. Sans lien avec les résultats, […] mais parce que c'est une forme de respiration dans la vie du pays au bout de trois années. Les choses vont déjà tellement vite aujourd'hui que je pense que c'est une bonne respiration », théorise-t-il, « sans qu'il y ait aucun critère personnel ou de confiance qui rentre en jeu ». Une image résume bien l'inégal rapport de force qui existe entre le président et le Premier ministre sous la Ve République : l'Élysée est un palais, tandis que Matignon reste un hôtel.

5

Est-il attaché à la Ve République ?

> « La Ve République demande de nos jours au président d'être "en même temps" une sorte de rock star et un chef doté de grands pouvoirs. Comme un mélange de Mick Jagger et du général de Gaulle. »
>
> Richard Ferrand,
> président de l'Assemblée nationale

Qui dit Ve République pense forcément à de Gaulle. Et inversement. La simplicité de ce théorème a fait le bonheur de tous les successeurs du Général. Car année après année, les conditions pour revendiquer une filiation avec le « grand Charles » se sont réduites comme peau de chagrin. Comme si avec le temps seuls deux grands principes avaient survécu à l'oubli : la « grandeur » de la France, *via* la souveraineté nationale ; et la « concorde » du pays, *via* le dépassement des clivages. Malgré la vacuité et l'abstraction de ce cahier des charges, qui ne rend pas hommage au chef de la France libre, aucun président n'est parvenu à cocher ces deux cases dans l'exercice de son mandat. Certains s'y sont vainement essayés. Quand d'autres se sont contentés de les marteler dans leurs discours, comme on réciterait des paroles que l'on espère performatives, ou des prophéties que l'on rêve autoréalisatrices. Mais qu'ils soient de gauche, de droite, ou des deux « en même temps », tous les chefs de l'État ont un point commun : ils ont considéré – ou au moins espéré – qu'atteindre les portes de l'Élysée suffirait à faire d'eux les héritiers de leur illustre prédécesseur.

Dès les premiers mois de son quinquennat, le chantre autoproclamé du « nouveau monde », Emmanuel Macron, s'est démultiplié pour tenter de décrocher le prestigieux brevet gaullien. Procédant de manière très méthodique, il s'est d'abord attaché à quelques détails. D'où la présence des *Mémoires de guerre* du Général, ostensiblement disposés sur son portrait officiel. Ou l'apparition de la croix de Lorraine au centre du logo de l'Élysée, fin 2018. Ainsi que le petit portrait de Charles de Gaulle qui ne quitte plus son bureau depuis que Jacques Chirac le lui a offert après l'avoir lui-même reçu des mains de Georges Pompidou. Hasard ou coïncidence, le chef de l'État a été aidé dans cette quasi-canonisation par un précieux coup de pouce du calendrier : sa présidence est intervenue au carrefour de plusieurs dates anniversaires. Autant d'occasions d'en célébrer le souvenir, tout en cherchant à marcher dans ses traces. « Le président s'est toujours référé à la figure et à l'exemple du Général, qui a su réformer le pays et l'adapter aux circonstances dictées par l'époque, dans un subtil équilibre entre l'Histoire et le présent, confie son conseiller mémoire, Bruno Roger-Petit. Il a donc voulu célébrer "l'année de Gaulle" à la hauteur de la considération qu'il lui porte[1]. »

Il en a été ainsi des cinquante ans de son décès (1970), du cent trentième anniversaire de sa naissance (1890) et des quatre-vingts ans de l'appel du 18 Juin (1940), tous trois célébrés en 2020. Mais ce sont les soixante ans de la Ve République, en octobre 2018, qui ont constitué un premier test. Un défi personnel et politique pour Emmanuel Macron, qui a dû démontrer l'actualité d'une Constitution écrite dix-neuf ans avant sa naissance. Dans son discours, prononcé devant les sages du Conseil constitutionnel, comme le veut la tradition, le chef de l'État a cherché avant tout à s'éviter un procès en récupération. Alors il a sobrement décrit la « chance » qu'a eue la France, « ce vieux pays, cette vieille nation, ce vieil État », d'être « dotée d'une Constitution jeune, pensée à la lumière des prémices de cette modernité ». Des mots relativement simples, assez éloignés du lyrisme auquel

1. Entretien de Bruno Roger-Petit avec l'auteur.

il se livre habituellement en petit comité pour exprimer la « certaine idée » qu'il se fait du texte sacré. « La fonction présidentielle en France est très spécifique. Le président de la République, ça n'est pas le chancelier en Allemagne, ça n'est pas le Premier ministre en Grande-Bretagne... C'est une fonction qui a une part symbolique forte. J'y suis très attaché, je l'ai toujours dit[2] », théorise-t-il en privé pour justifier sa conception très solennelle de l'exercice du pouvoir.

Et c'est d'ailleurs là l'une des clés de compréhension de l'attachement d'Emmanuel Macron à la figure du général de Gaulle. Ainsi qu'à son legs institutionnel. « Quand vous êtes directement candidat au poste de président, c'est que vous avez une certaine idée de la Ve République[3] », sourit l'ancien Premier ministre Manuel Valls. « Si la Ve République n'avait pas été la Ve République, il n'aurait pas cherché à être président de la République[4] », abonde le président de l'Assemblée nationale, Richard Ferrand. Preuve que l'observateur avisé ne s'y trompe pas. Tout horizontal qu'il prétend être, Emmanuel Macron n'en demeure pas moins profondément vertical.

2. Entretien d'Emmanuel Macron avec l'auteur, le 28 avril 2017.

3. Entretien de Manuel Valls avec l'auteur.

4. Entretien de Richard Ferrand avec l'auteur.

Mais si cette condition est nécessaire pour s'installer pleinement dans la monarchie républicaine à la française, elle n'est pas suffisante pour incarner le mythe gaullien de la « rencontre d'un homme et d'un peuple ». Cela suppose en effet de trouver un juste équilibre entre distance et proximité. Entre présidence « normale », et présidence « jupitérienne ». « La Ve République demande de nos jours au président d'être "en même temps" une sorte de rock star et un chef doté de grands pouvoirs. Comme un mélange de Mick Jagger et du général de Gaulle, résume Richard Ferrand. Cela lui convient comme un gant, car ça correspond à sa psychologie, à sa conception de l'exercice du pouvoir et au fait qu'il aime être chef. »

Et pour cause. Une fois franchi l'obstacle de l'onction populaire – tout un paradoxe sachant que la Constitution initiale ne prévoyait pas d'élire le président au suffrage universel direct –, le chef de l'État dispose d'une vaste marge de manœuvre. L'ensemble de l'appareil d'État est à sa main. L'administration est censée lui obéir. Et la très large palette institutionnelle permet de faire face à n'importe quelle situation ou crise. Des Gilets jaunes au coronavirus, en passant par la réforme des retraites, Emmanuel Macron a souvent hésité à puiser dans la Constitution un moyen de renverser la table. Dissolution de l'Assemblée nationale, convocation d'un référendum, démission surprise pour se représenter ensuite… Plusieurs de ses proches l'ont chaque fois encouragé à tenter un « coup » pour se relégitimer. À aller au-delà du simple remaniement gouvernemental, déjà vu, revu, et suranné. Mais le chef de l'État s'y est toujours refusé. « La force de cette Constitution, c'est qu'elle […] permet d'éviter la tyrannie de l'immédiateté, qui est une absurdité contemporaine. C'est-à-dire que ce ne sont pas les péripéties du quotidien qui doivent décider pour une nation », a-t-il ainsi déclaré lors de son premier déplacement à Colombey-les-Deux-Églises, en 2018.

Cet attachement au temps long explique d'ailleurs la réflexion secrètement entamée par Emmanuel Macron et son conseiller régalien de l'époque, Didier Casas, durant la campagne de 2017. Pour renouer avec ce qu'ils appellent le « sel des institutions », les deux hommes s'étaient interrogés sur la pertinence d'un retour au septennat. Mais ils ont très vite renoncé, préférant concentrer leur réforme constitutionnelle sur deux objectifs clairs : la réduction du nombre de parlementaires et l'instauration d'une dose de proportionnelle. Projet qui sera sacrifié quelques mois plus tard, sur l'autel de l'affaire Benalla. Avec une cruelle contrepartie : renvoyer Emmanuel Macron au même rang que François Hollande, dans la catégorie des deux seuls présidents qui n'ont pas été en capacité de réformer la Constitution.

Avant eux, chacun de leurs six prédécesseurs avait en effet apporté sa touche au texte fondateur – vingt-quatre révisions au total. Parfois pour des ajustements techniques. Parfois pour des modifications structurelles. Mais toujours pour laisser une trace. C'est d'ailleurs cette capacité d'adaptation qui explique la longévité de la Vᵉ République. Si elle survit aux deux prochains quinquennats, elle deviendra en 2028 le régime français le plus durable depuis la Révolution de 1789. Devant la IIIᵉ République et ses soixante-dix ans. À ce jour, plus personne ou presque n'envisage d'en changer. « Ceux qui veulent une VIᵉ République n'aiment pas l'État », a carrément tranché Emmanuel Macron en 2018. Une attaque qui, sur le moment, était principalement adressée à Jean-Luc Mélenchon et ses amis de la France insoumise. À l'époque, le contexte était cependant différent. C'était avant la crise des Gilets jaunes et la demande d'une démocratie plus directe. C'était avant la crise du coronavirus et le défi d'un monde à repenser. Et c'était avant qu'Emmanuel Macron invite l'ensemble du pays à se « réinventer ». Lui « le premier ». Un propos elliptique qui a donné lieu aux projections les plus folles à l'époque. Mais qui a déjà tout d'un vœu pieux.

6

A-t-il durablement bousculé les clivages politiques ?

« La gauche du cœur, la droite des valeurs. La gauche sans le laxisme, la droite sans le racisme. »

Alexandre Benalla,
ancien collaborateur du président

La question l'agace, mais peu importe. Il se saisit d'un papier et d'un stylo posés sur la grande table de réunion de son QG de campagne. « Si je devais nous faire la carte du Tendre de mon positionnement politique… » Pour la première fois, Emmanuel Macron s'apprête à lever le flou sur ses orientations idéologiques. À quelques semaines du premier tour, l'élection est plus incertaine que jamais. Le candidat n'a toujours pas de programme. Alors il s'attache coûte que coûte à défendre le nouveau clivage qu'il a théorisé, entre « progressistes » et « nationalistes ». Pas question de baisser la garde. Sauf en petit comité, où il accepte de prononcer les gros mots « droite » et « gauche ». « Je suis plutôt à droite sur le plan économique ; je suis attaché aux valeurs de gauche ; je suis, sur le plan sécuritaire, d'un réalisme qui est à droite mais qui a quand même convaincu une partie de la gauche… Et sur le plan social, je suis au cœur d'une famille qui va de la social-démocratie à la droite libérale[1]. » Sa colonne vertébrale frôle la scoliose, mais elle ne l'empêche pas de se mettre en marche pour autant. Alexandre Benalla, qui fait alors partie de son équipe rapprochée, résumera les choses ainsi : « La gauche du cœur, la droite des valeurs. La gauche sans le laxisme, la droite sans le racisme[2]. » L'image fera sourire Emmanuel Macron. C'est la naissance du fameux « en même temps », ce procédé astucieux dont il a fini par faire un slogan, après avoir longtemps refusé d'en entendre parler.

Objet politique encore non identifié, Emmanuel Macron sait incarner à lui seul le mouvement qui le portera jusqu'à l'Élysée. Au point d'en choisir le nom, En marche !, sur la base de ses propres initiales. Ses adversaires prennent pour une « bulle » le tsunami qui se lève. Mais pour la première fois

1. Entretien d'Emmanuel Macron avec l'auteur, le 16 février 2017.

2. Entretien d'Alexandre Benalla avec l'auteur.

sous la Ve République, les deux grands partis traditionnels de gauche et de droite – le Parti socialiste et Les Républicains – ratent la marche du premier tour d'une élection présidentielle. Coiffés au poteau par les « progressistes » de La République en marche et les « populistes » du Rassemblement national. Relégués au rang de simples *challengers* des insoumis de Jean-Luc Mélenchon. La recomposition tant annoncée prend alors forme sous leurs yeux. La poutre sur laquelle ils se tenaient fièrement se morcelle. Tandis que le vent du « dégagisme » souffle à grosses rafales sur un échiquier où ils se pensaient durablement installés. Adieu ténors, briscards et autres apparatchiks. Place au « nouveau monde ». Avec toutes les illusions et les contradictions que cela implique.

Forts de leurs quelque trois cents sièges à l'Assemblée nationale, les macronistes se pensent hors de danger. Alors ils se plongent dans les données statistiques et les calculs politiques plutôt que dans l'écoute du pays. La conclusion qu'ils en tirent est sans appel : rien ni personne ne pourra les empêcher de faire main basse sur chacune des institutions de la République. Le Sénat ? Ils s'y voient majoritaires dans les trois ans. Les municipales ? Remporter Paris, Lyon et Marseille sera une promenade de santé. Les départementales et les régionales ? Ces scrutins serviront de tremplin pour Emmanuel Macron un an avant l'élection présidentielle.

Inutile de dire que rien de tout cela n'a fonctionné. Certes, le gouvernement profite des remaniements successifs pour élargir son assise et confirmer le grand axe central théorisé par Emmanuel Macron. Des socialistes aux Républicains, en passant par les radicaux, les écologistes, la société civile et bien sûr le MoDem, la majorité présidentielle fait tache d'huile. Jusqu'à atteindre toutefois son plafond de verre et buter sur deux cadavres encore chauds : la droite et la gauche. L'axiome de base de la vie politique française, selon le grand historien René Rémond (1918-2007). Vidés de leur base militante et désertés par leurs leaders, ces deux camps peinent certes à faire émerger un prétendant sérieux pour l'Élysée. Mais ils survivent en exploitant les faiblesses de La République en marche qui, à l'inverse, se contente de tout miser sur la personnalité de son champion. De quoi survivre artificiellement sur le plan national. Mais pas suffisant pour s'implanter durablement à l'échelle locale.

De ce point de vue-là, la claque des municipales de 2020 ouvrira les yeux aux macronistes. Un rappel d'autant plus brutal qu'avant cela les européennes de 2019 les avaient entretenus dans leurs illusions. La deuxième place, arrachée au coude à coude avec le Rassemblement national de Marine

Le Pen[3], les avait convaincus que l'élan impulsé en 2017 se prolongeait coûte que coûte. Que la déroute confirmée des Républicains et du Parti socialiste[4] en était la preuve la plus éclatante. Et qu'il n'y avait nul besoin, dès lors, de labourer le terrain, ni de perdre du temps à produire ou à faire vivre des idées. En somme, que le « mouvement » avait remplacé le « parti ». Que les « adhérents » venaient de supplanter les « militants ». Et que le président de la République resterait *ad vitam aeternam* le meilleur – et l'unique – argument de leurs bulletins de vote.

Sauf qu'Emmanuel Macron a été pris à son propre piège. Convaincu d'avoir définitivement asphyxié la gauche au soir du premier tour, le président a concentré toutes ses forces sur LR. Peut-être un peu trop. Les débauchages d'Édouard Philippe, Gérald Darmanin et Bruno Le Maire, tous nommés à des postes clés en 2017 – l'un à Matignon, les deux autres à Bercy –, ont très vite donné la couleur. Les premières réformes (Code du travail, ISF, SNCF...) se sont chargées du reste. Il n'en faut pas plus pour qu'un procès en « droitisation » soit instruit contre le chef de l'État. Par ses adversaires, mais aussi par sa propre majorité, venue ajouter ses voix à celles des socialistes, écologistes et insoumis.

3. 23,34 % pour le RN, 22,42 % pour LREM.
4. 8,48 % pour LR, 6,19 % pour le PS.

Comment pouvaient-ils concevoir que le ministre prétendument de gauche de François Hollande, pour qui ils avaient quitté leur famille politique d'origine, oserait mettre en place tout ce devant quoi la droite avait toujours reculé ? Le dédoublement des classes et la revalorisation des minima sociaux n'y feront rien. Pas plus que l'augmentation de l'allocation adulte handicapé, l'instauration du reste à charge zéro pour certains soins optiques, dentaires et auditifs, ou encore l'intermédiation par la CAF des impayés de pensions alimentaires. Face à une jambe droite hypertrophiée, les mesures sociales apparaissent comme un cautère sur une jambe – la gauche – de bois.

Une partie des Républicains ne s'y sont pas trompés, à commencer par Christian Estrosi. Conscient que, malgré la multitude de talents que compte son parti, personne « ne s'impose pour concourir à la présidentielle », le maire de Nice a incité son camp à opérer un rapprochement stratégique avec Emmanuel Macron, et à « passer un accord » avec le chef de l'État « pour qu'il soit le candidat commun » de la droite en 2022. Avant lui, en 2019, Emmanuelle Mignon, ancienne conseillère de Nicolas Sarkozy, avait déjà jugé Macron « meilleur président de droite [...] depuis un certain temps ». Le président de la République, lui, n'a jamais saisi ces mains tendues. Il ne veut pas se laisser enfermer dans ce qu'il a toujours combattu :

une étiquette. Il n'empêche, la réalité politique l'a fait pour lui. Et pendant que la gauche cherche à se reconstruire – à défaut de se rassembler –, de son côté, la droite, elle, se cherche un abri.

Plus que les clivages, c'est donc bien les partis qu'Emmanuel Macron a dynamités avec son élection. « On me demande de décliner les nouveaux clivages sous forme partidaire. Mais je n'ai pas à m'occuper des partis[5] », confirme-t-il. Y compris le sien. Quatre années à peine ont suffi à rendre moribond le jeune mouvement qu'il a fondé. Perfusé par le MoDem, qui menace régulièrement de reprendre sa « liberté », l'astre mort de La République en marche s'est autodétruit en vol. Dilué dans un utopique projet de « maison commune », qui n'est qu'un agglomérat de micropartis. « Agir » pour la jambe droite. « Territoire de progrès » pour la jambe gauche. Emmanuel Macron pour marcher. Retour aux fondamentaux.

5. Entretien d'Emmanuel Macron avec l'auteur, le 24 septembre 2020.

7

Appartient-il vraiment au « nouveau monde » ?

> « Je suis allé dans le privé pour apprendre un métier et acquérir une indépendance financière. Il y a trop de gens qui, en politique, avaient passé dix ou quinze ans, et qui se retrouvaient à quarante/quarante-cinq ans sans avoir pu consolider quelque chose. »
>
> Emmanuel Macron

Le concept est une prouesse marketing. Suffisamment fort pour marquer les esprits. Suffisamment flou pour ne pas dire grand-chose. Le « nouveau monde ». La formule a longtemps été utilisée comme un raccourci. Une facilité censée expliquer à elle seule la trajectoire qui avait propulsé Emmanuel Macron de l'anonymat à l'Élysée en un temps record. L'intéressé en a d'ailleurs joué. Arrivé à Bercy en 2014, le trentenaire savait bien que son profil finirait un jour par étonner. Voire détonner.

Ancien banquier d'affaires chez Rothschild, comment avait-il pu accepter de se mettre au service d'un président qui, de son propre aveu, « n'aime pas les riches » ? Le patron du PS de l'époque ne s'y était pas trompé. Jean-Christophe Cambadélis avait parlé de lui comme d'un « ministre d'ouverture ». Trop à droite pour la gauche. Trop à gauche pour la droite. « Central mais pas centriste. » C'est toute l'histoire de la campagne.

Cette stratégie du *« catch all party »* – théorisée par l'Allemand Otto Kirchheimer dans les années 1960 –, qui consiste à s'adresser à tout le monde sans se laisser enfermer par personne, a fonctionné grâce aux nombreuses aventures « antisystèmes » et autres initiatives « citoyennes » qui lui ont ouvert la voie. Jusqu'ici, aucune d'entre elles n'avait jamais été concluante, faute de figure rassembleuse. Le terrain était désormais propice et le pays demandeur. Après les années Sarkozy, qui se sont soldées par un divorce, et après avoir élu François Hollande par défaut, les Français ont exprimé leur désir de changement. De renouveau. Dans les visages, mais aussi dans les pratiques. Emmanuel Macron s'est trouvé au confluent de leurs espoirs. « Le phénomène auquel on a assisté est une sorte de mouvement social[1] », analyse Sylvain Fort, ancienne plume d'Emmanuel Macron.

1. Entretien de Sylvain Fort avec l'auteur.

Diplômé de Sciences Po puis de l'ENA, le natif d'Amiens cochait toutes les cases pour suivre le parcours classique de ses aînés en politique. Haut fonctionnaire, il aurait pu militer au sein d'un parti, trouver une terre d'élection, s'y implanter, gravir les échelons un à un... Mais il a préféré « emprunter d'autres chemins de traverse ». Il ne « voulait pas imposer cela à sa famille[2] », dit-il. Encarté de manière très éphémère au PS, l'inspecteur général des finances s'est donc mis en disponibilité de la fonction publique dès 2008. « Je suis allé dans le privé pour apprendre un métier et acquérir une indépendance financière. Il y a trop de gens qui, en politique, avaient passé dix ou quinze ans, et qui se retrouvaient à quarante/quarante-cinq ans sans avoir pu consolider quelque chose. » Ses motivations peuvent alors paraître anodines. Ou matérielles. Pourtant, lorsqu'il fait ce choix, Emmanuel Macron a une idée bien précise derrière la tête. « Oui, j'y suis allé en pensant à la politique », reconnaît-il. Son objectif n'était pas de devenir président si vite. La preuve, il se pensait parti pour dix ans. Rattrapé par son destin, le calendrier restera sa seule erreur de lecture. Car, sur le fond, il a perçu avant l'heure que le paysage politique avait

2. Entretien d'Emmanuel Macron avec l'auteur, le 24 septembre 2020.

« besoin de radicalité ». Et il en a conclu que personne ne lui reprocherait d'avoir « pris [son] risque ». Mieux, il devine qu'il lui en sera fait crédit.

Ses premiers pas sur la scène publique confirmeront ses prédictions. Très vite, il devient le ministre le plus populaire du gouvernement. Il intrigue autant qu'il fascine. Et l'attente qu'il suscite est inversement proportionnelle au rejet de François Hollande. Alors il multiplie les ballons d'essai. Toujours avec le même succès. Ses petites phrases à répétition agacent la classe politique autant qu'elles ravissent le pays. Son rêve devient réalité. Il ne peut plus se contenter d'avancer, il doit accélérer. Donner des gages, pour ne surtout pas être déceptif. « Je n'ai pas envie d'être député en 2017, lâche-t-il par exemple en 2015, en marge d'une conférence. C'est le *cursus honorum* d'un ancien temps », tranche-t-il. C'est surtout le début de la fuite en avant : la « disruption ». Les « trente dernières années » deviennent ainsi un bloc uniforme avec lequel il convient de rompre. Aux partis, on préférera désormais les mouvements. Aux militants, les adhérents. Et aux élus, la société civile.

Celle-ci est d'ailleurs au cœur des conditions d'investiture de La République en marche aux législatives de 2017. Résultat, au mois de juin, plus de la moitié des députés qui font leur entrée à l'Assemblée nationale ne viennent pas du sérail. « Soyez fiers d'être des amateurs ! », leur lancera Emmanuel Macron début 2020, pour les encourager à conserver leur singularité présumée. Ce renouvellement aurait pu être louable, si seulement le CV n'avait pas été l'unique qualité de la plupart de ces nouveaux élus. Godillots en début de législature, la très grande majorité des parlementaires macronistes n'est pas parvenue à développer une identité propre. En panne d'idées, incapable de coconstruire quoi que ce soit avec le gouvernement... L'échec de la majorité a constitué l'un des premiers ratés du « nouveau monde ». Il y en aura beaucoup d'autres.

À vouloir mettre la barre trop haut, Emmanuel Macron s'est lui-même tiré une balle dans le pied. Il a donné les bâtons pour se faire battre. À commencer par celui de la probité. Après une campagne percutée par l'« affaire Fillon », le leader d'En marche ! a voulu apparaître plus blanc que blanc. La transparence en est l'un des moyens, mais pas une fin. Il fallait aller au bout de la logique. Quitte à ouvrir la boîte de Pandore : celle de la « moralisation ». Vaste notion qui outrepasse la loi et que nul ne pourra jamais satisfaire. Le président de la République a d'ailleurs payé pour le voir. Un mois seulement après son élection, quatre ministres parmi les plus importants ont été emportés par le texte qu'ils avaient eux-mêmes porté. François

Bayrou, Marielle de Sarnez et Sylvie Goulard dans l'affaire des emplois supposés fictifs du MoDem au Parlement européen[3]. Et Richard Ferrand dans le dossier des Mutuelles de Bretagne[4]. Aucun des quatre n'était à l'époque mis en examen, mais le simple fait qu'une enquête soit ouverte a suffi à les pousser vers la sortie. Emportés dans leur propre tourbillon, où François de Rugy et Jean-Paul Delevoye les rejoindront plus tard. L'un pour avoir mangé indûment du homard ; l'autre pour avoir omis de déclarer plusieurs activités en entrant au gouvernement. « Je ne leur aurais pas demandé de démissionner parce que, sinon, il ne serait plus possible d'exercer une fonction ministérielle. Je peux vous créer un débat polémique en quelques mots. [...] Sur ce sujet, il faut savoir raison garder[5] », s'agacera Emmanuel Macron début 2020. Conscient d'avoir peut-être poussé le curseur un peu loin, sur ce point comme sur bien d'autres.

La composition du gouvernement en est un exemple. Désireux de remettre la logique d'efficacité au centre de l'appareil d'État, le candidat avait

3. La justice soupçonne un système d'emplois fictifs dans lequel des assistants d'eurodéputés auraient en réalité travaillé pour le MoDem.

4. La justice suspecte du favoritisme et un conflit d'intérêts dans l'attribution de locaux.

5. Confidences d'Emmanuel Macron en marge de ses vœux à la presse, le 15 janvier 2020.

affirmé en mars 2017 qu'il nommerait un « gouvernement de quinze membres au maximum ». « Un gouvernement ramassé, donc », avait-il cru bon d'ajouter. Quatre remaniements plus tard, l'équipe de Jean Castex comptera finalement quarante-deux membres… Un record depuis les années Jean-Pierre Raffarin (quarante en 2004) et Alain Juppé (quarante-deux en 1995). Excès inverse, en revanche, avec les effectifs des cabinets ministériels, qui ont été réduits de 25 % au printemps 2017. Couplée à la promesse de *spoil system* à la française, cette réduction drastique était censée fluidifier le travail entre les administrations centrales des ministères et l'exécutif.

Cette ambition a fait long feu. Elle s'est heurtée à la réalité de l'exercice du pouvoir. Cette normalisation contrainte l'a conduit à adopter les pratiques de tous ceux qu'il avait voués aux gémonies par le passé. Ces derniers ne se sont d'ailleurs pas fait prier pour lui rendre la pareille. « Aucune force politique ne m'aide ! J'avais sous-estimé la force de revanche de tous. Y compris pour aller vers le pire[6] », fustigera Emmanuel Macron début 2020, au retour d'un déplacement à l'étranger. Avant d'ajouter : « Et moi je n'ai jamais parlé d'ancien monde ou de nouveau monde. » Le rappel sonne

6. Entretien d'Emmanuel Macron avec l'auteur, le 23 janvier 2020.

comme une prise de conscience. Le « nouveau monde » n'existe qu'à une seule condition : que l'« ancien » résiste. L'équation a de quoi inquiéter Emmanuel Macron. En 2022, apparaîtra-t-il toujours comme le héraut du « nouveau monde » ? Ou sera-t-il devenu « ancien » à son tour ?

8
Le régalien est-il l'impensé du logiciel macroniste ?

« Aujourd'hui on vit côte à côte et [...] je crains que demain on ne vive face à face. »

Gérard Collomb,
ex-ministre de l'Intérieur

Le calme précède souvent la tempête. Mais il ne lui succède pas toujours. Emmanuel Macron a été imprudent de penser que ce serait le cas. Élu en 2017 sur un ambitieux programme économique et social axé autour de quelques grandes réformes (Code du travail, SNCF, assurance chômage, retraites...), le chef de l'État a cru qu'il pourrait laisser de côté les questions régaliennes, dans l'acception la plus large du terme : police, justice, défense, mais aussi identité, immigration et cultes. Son ancien conseiller Didier Casas[1] se

1. Ancien directeur général adjoint de Bouygues Télécom, devenu secrétaire général du groupe TF1.

souvient de l'avoir averti dès leur première rencontre : « Si tu es battu, ce sera là-dessus. »

Et pour cause. Diplômé de Sciences Po et de l'ENA, avant de passer par l'Inspection générale des finances, la banque Rothschild et le ministère de l'Économie, le natif d'Amiens n'a jamais été directement confronté à ces questions. Ni dans son expérience personnelle ni dans sa carrière professionnelle. C'est même le contraire : héritier de la deuxième gauche malgré un bref passage par le chevènementisme, il a longtemps considéré que ces thématiques étaient des lubies. Que l'insécurité relevait d'un « sentiment », comme Lionel Jospin avait cru bon de l'affirmer en son temps. Et que la sécurité était une obsession, de la droite dure au mieux, de l'extrême droite au pire.

Son passage au gouvernement, entre 2014 et 2016, ne l'a pas plus aidé à se forger une conviction claire. Témoin indirect de la vague d'attentats terroristes qui a frappé le pays en 2015, faisant plusieurs centaines de morts et des milliers de blessés sur le sol national, Emmanuel Macron a observé avec circonspection le virage sécuritaire de François Hollande et Manuel Valls. Il faut dire qu'il a assisté, sinon participé, au quadruple échec de ce couple exécutif. Un, le président de la République n'a jamais osé nommer l'ennemi qui attaquait de l'intérieur et de l'extérieur, à savoir l'islamisme. Deux, le Premier ministre s'est laissé enfermer dans sa caricature d'homme raide et autoritariste. Trois, la démission fracassante de Christiane Taubira a acté la rupture entre deux gauches « irréconciliables ». Quatre, la tentative de constitutionnalisation de la déchéance de nationalité pour les terroristes binationaux s'est soldée par un fiasco politique qui a clivé le pays et déchiré la classe politique.

Persuadées de pouvoir profiter de ce vaudeville pour tirer leur épingle du jeu en vue de la présidentielle, la droite, l'extrême droite et la gauche ont toutes cédé à la surenchère. Dans la radicalité pour les deux premières ; dans le déni pour la troisième. Un espace central s'est alors libéré. Convoité de longue date par Alain Juppé, il a finalement été investi par Emmanuel Macron. « Au fond, son intuition géniale a été de ressentir que le pays avait besoin d'une réponse économique et sociale. Qu'une réponse qui porterait uniquement sur l'insécurité ne répondrait pas [...] à l'angoisse profonde générée par les attentats[2] », en déduit l'ancienne porte-parole du gouvernement Sibeth Ndiaye. Manière de reconnaître que le leader d'En marche ! s'est stratégiquement fait élire sur la promesse de « réconcilier les Français » en prétendant que l'« émancipation par le travail » suffirait à atteindre cet objectif.

2. Entretien de Sibeth Ndiaye avec l'auteur.

Résultat, pendant que Manuel Valls tentait en vain de porter une voix républicaine au sommet de l'État et de défendre la laïcité comme un rempart au communautarisme, Emmanuel Macron se contentait de quelques formules manichéennes, voire simplistes, pour s'éviter l'impopularité. Il en va ainsi de la « part de responsabilité » qu'il a cru bon d'imputer à la France dans l'apparition du « terreau » djihadiste. *Idem* avec son « inconfort philosophique » sur la déchéance de nationalité. Puis son *satisfecit* adressé à Angela Merkel, qui aurait eu « raison » d'ouvrir unilatéralement les portes de l'Europe à 800 000 migrants accueillis en Allemagne au plus fort de la crise des réfugiés. Vient enfin la campagne, lorsqu'il a refusé de s'opposer au port du burkini ; et qu'il a affirmé qu'il n'y avait « pas une culture française » mais des « cultures en France ».

Chaque fois, ces sorties ont été appréciées et applaudies par une certaine frange de l'échiquier politique. « Les personnes de gauche qui, comme moi, ne voulaient plus rester au PS à cause de Manuel Valls[3] », résumait à l'époque la sénatrice de Paris Bariza Khiari, « marcheuse » de la première heure. Mais ses espoirs ont vite été déçus. Car avec cette stratégie le président a lui-même posé les bases du piège qui s'est refermé sur lui

3. Entretien de Bariza Khiari avec l'auteur.

quelques années plus tard. Lorsque, une fois élu, il s'est peu à peu affermi. Donc transformé en homme « de droite ». Donc en « traître » aux yeux d'une base militante et d'une majorité parlementaire solidement ancrées à gauche.

Cette mutation du macronisme, que la nomination d'Édouard Philippe à Matignon en 2017 n'a pas spécialement accélérée tant le juppéiste est frileux sur ces questions, s'est achevée à l'été 2020. Lorsque, après la première vague de la crise du coronavirus, le chef de l'État a choisi d'installer Jean Castex au poste de Premier ministre, de propulser Gérald Darmanin à Beauvau et de conforter Bruno Le Maire à la tête d'un grand Bercy. D'aucuns y ont vu, à juste raison, l'avènement du sarkozysme en Macronie. Aucun des trois n'a rien fait pour contredire cette comparaison. Surtout le premier flic de France qui, hyperactif dès sa promotion, a multiplié les déplacements sur le terrain. Et, comme son mentor, n'a pas hésité à parler vrai. Quitte à faire polémique lorsqu'il a dénoncé l'« ensauvagement » d'une partie de la société.

Avant d'assumer ce virage à 180 degrés, Emmanuel Macron avait pourtant longuement tergiversé. En arrivant à l'Élysée, il a commencé par écarter presque tous les conseillers d'État qui peuplaient encore le palais. Il a ensuite maladroitement enfilé le costume de chef de guerre, en limogeant sans ménagement le chef d'état-major des armées Pierre de

Villiers dès l'été 2017. Une éviction vécue comme un affront au sein de la « grande muette », où l'on a eu du mal à respecter d'emblée ce jeune président – le premier à n'avoir pas fait son service militaire.

Seul l'exercice du pouvoir l'a progressivement convaincu de l'importance cruciale du régalien dans la conduite du pays. Le ministre de l'Intérieur démissionnaire, Gérard Collomb, n'y est pas pour rien. « Aujourd'hui on vit côte à côte et [...] je crains que demain on ne vive face à face », a-t-il lancé en quittant le gouvernement en octobre 2018. Cet avertissement testamentaire visait la menace terroriste. Mais pas seulement. Il s'est d'ailleurs confirmé moins de deux semaines plus tard, avec la fracture provoquée par le mouvement des Gilets jaunes. Sans rien céder sur la modernisation économique du pays, Emmanuel Macron a alors commencé à intérioriser la notion d'« ordre républicain ». Un concept qu'il s'était contenté d'effleurer jusque-là.

Une fois levé cette espèce de « verrou de Beauvau » dans lequel il s'était pudiquement enfermé, le président de la République a fini par s'autoriser quelques entorses à son « en même temps ». Son investissement du champ régalien est allé crescendo. Il a ainsi abordé sans complexe la question migratoire, établissant un lien entre immigration et terrorisme – au point d'annoncer, fin 2020, un doublement des forces aux frontières. Puis il s'est mis à travailler sur un vaste plan autour du séparatisme islamiste, plan censé articuler à la fois la lutte contre la radicalisation, l'endiguement du communautarisme et la structuration de l'islam en France. Bref, à reprendre enfin la main face aux générations perdues de la République.

Un revirement à 180 degrés, applaudi par une partie de l'électorat de droite qui l'attendait de longue date. « Est-ce qu'on change à l'épreuve des faits et du pouvoir ? Heureusement », a-t-il lui-même reconnu lors de son discours des Mureaux (Yvelines), le 2 octobre 2020. Sans pour autant renier complètement sa position d'équilibre. « Ceux qui prétendent être "régaliens" sont les meilleurs alliés de leurs ennemis. Parce qu'ils exacerbent des tensions, ils ne s'attaquent pas au cœur du problème et ils rabattent une partie de la population vers la caricature qu'ils font des sujets, assène-t-il. Au fond, les gens pensent qu'être "régalien", c'est être brutal avec une partie de la société. D'ailleurs, ceux qui ont les mots les plus forts ont généralement eu des actions très faibles. Moi, je crois à l'efficacité. Je n'ai jamais été dans l'hystérisation de ce sujet. Ni dans un sens ni dans un autre. Je l'assume, et je continuerai[4]. »

La question du voile fait partie des sujets sur lesquels il s'évertue encore à conserver un certain

4. Entretien d'Emmanuel Macron avec l'auteur, le 24 septembre 2020.

« en même temps ». Quant à l'intégration et l'assimilation, ce ne sont pas des notions sur lesquelles il est allé au bout de son cheminement. L'identité fait d'ailleurs partie des sujets où il peine encore à se définir une ligne claire. Certes, il lui arrive parfois d'être ferme, comme cela fut le cas lorsqu'il a refusé de déboulonner quelque statue que ce soit au nom de la « cancel culture[5] », dénonçant au contraire la dérive identitaire de l'antiracisme. Mais ses hésitations apparaissent encore trop souvent au grand jour. Un jour parce qu'il mélange les concepts d'« identité nationale » et de « privilège blanc » dans une interview. Un autre parce qu'il s'emmêle sur la question mémorielle en général... Et algérienne en particulier.

Pas échaudé d'avoir fracturé le pays en qualifiant la colonisation de « crime contre l'humanité », le chef de l'État entend remettre ce sujet sur le métier avant la fin de son quinquennat. En privé, il admet lui-même qu'il se sent investi d'une mission comparable à celle qui avait conduit Jacques Chirac à reconnaître la responsabilité de l'État français dans la déportation des Juifs durant la Seconde Guerre mondiale. Sans nécessairement faire de lien entre la Shoah et la colonisation, il

5. Une pratique venue des États-Unis, qui consiste à vouloir effacer ou boycotter tous les éléments ou personnalités du passé qui heurteraient certaines minorités aujourd'hui.

considère que le « conflit mémoriel » qui demeure entre les deux rives de la Méditerranée est l'un des plus traumatiques dans le pays, et qu'il empêche encore aujourd'hui l'intégration de certaines générations issues de l'immigration.

Y compris celles qui, comme lui, n'ont ni connu ni vécu la guerre d'Algérie. C'est pourquoi il entend s'en remettre pleinement aux travaux de Benjamin Stora, à qui il a commandé un rapport sur le sujet. « Ni excuse ni repentance », a certes tranché l'historien. Mais cela n'a pas empêché la recommandation de gestes symboliquement lourds de sens. À commencer par la reconnaissance de l'implication de la France dans la mort de certains indépendantistes, tels que le mathématicien communiste Maurice Audin ou l'avocat nationaliste Ali Boumendjel. Mais aussi la préconisation d'instaurer de véritables journées de commémoration, dont le soixantième anniversaire des accords d'Évian, le 18 mars 2022. Le président de la République ambitionne d'y prononcer le fameux discours réconciliateur dont il rêve. La date n'en demeure pas moins délicate à double titre. D'abord parce qu'elle marque, en même temps que la fin de la guerre d'Algérie, le début des massacres des pieds-noirs et des harkis. Mais aussi parce qu'elle tombe à quelques semaines seulement du premier tour de l'élection présidentielle. Exactement comme en 2017. Preuve que l'histoire « bégaie » parfois, comme le redoute tant Emmanuel Macron.

9

Est-il un adepte de la *realpolitik* ?

> « En gros, on est passé d'une situation où la diplomatie était d'abord la recherche de l'absence de conflit ou de tension, à une séquence où l'on veut que la diplomatie soit un outil d'efficacité. »
>
> L'ancien conseiller spécial
> Ismaël Emelien

En ce 19 août 2019, le fort de Brégançon offre l'un de ses plus beaux spectacles. Après une longue journée d'été, le doux clapotis de la Méditerranée accompagne le coucher du soleil dans un ciel de feu. Depuis le belvédère de la résidence, deux hommes observent silencieusement ce décor de carte postale. Il s'agit d'Emmanuel Macron et de Vladmir Poutine. Soudain, le président français tend un doigt vers le large. Il pointe l'un des navires militaires qu'il a spécialement fait venir pour l'occasion.

Il s'agit d'un FREMM[1] de la Marine nationale. L'un de ceux qui, un an plus tôt, ont participé aux frappes en Syrie pour y détruire des stocks d'armes chimiques lors de l'opération *Hamilton*. À l'époque, Moscou avait vivement dénoncé cette initiative franco-anglo-américaine. Dès lors, quel intérêt pour Emmanuel Macron de rappeler ce souvenir à Vladimir Poutine ? Le provoquer ? Le narguer ? Ou, au contraire, lui prouver sa capacité à assumer fermement les décisions qu'il prend ? « Le chef de l'État n'emploie pas les mêmes techniques diplomatiques avec tous ses homologues. Il a toujours la volonté d'adapter son discours et ses leviers en fonction de son interlocuteur, de sa psychologie, et de ce à quoi il accorde de l'importance[2] », décrypte son ancienne conseillère Nathalie Baudon, spécialiste des questions internationales. D'où sa volonté de se poser ce jour-là en chef de guerre. Comme si, face à un ancien officier du KGB et ex-directeur du Service fédéral de sécurité, montrer les muscles était l'un des seuls moyens d'apparaître comme un interlocuteur crédible.

À cela s'ajoutent la séduction et la flatterie. Car recevoir Vladimir Poutine avec les honneurs à la veille du G7 de Biarritz – rassemblement dont la

1. Un programme de frégates multimissions.
2. Entretien de Nathalie Baudon avec l'auteur.

Russie est exclue depuis l'annexion de la Crimée en 2014 – s'inscrit dans cette logique. Dès le lendemain de son élection en 2017, Emmanuel Macron avait convié son homologue russe pour une première prise de contact et un entretien bilatéral. La rencontre n'avait pas eu lieu au palais de l'Élysée, comme c'est traditionnellement le cas, mais au château de Versailles. Là où une exposition était consacrée aux trois cents ans du séjour en France de Pierre Ier de Russie, venu rencontrer Louis XV pour un rapprochement des deux empires. Tout un symbole. Qui illustre assez bien la volonté d'Emmanuel Macron de renouer le dialogue. Si la crise du coronavirus ne l'en avait pas empêché, le président aurait d'ailleurs rompu avec le boycott occidental et se serait rendu à Moscou, le 9 mai 2020, pour assister au défilé célébrant la victoire sur l'Allemagne nazie. Preuve qu'à ses yeux la grandeur de l'histoire commune entre les deux pays dépasse largement les questions de personnes. Et qu'elle oblige les leaders politiques à surmonter leurs éventuels désaccords.

Cette stratégie relève de la *realpolitik* : une diplomatie qui relègue au second plan les considérations morales pour se concentrer sur la défense des intérêts nationaux. En clair, l'inverse de la ligne de François Hollande. En atteste notamment la gestion du dossier syrien. Le président socialiste avait fait du départ de Bachar el-Assad un préalable à toute discussion, alors que son successeur, faute de mieux, a voulu composer avec l'ensemble des forces en présence. « En gros, on est passé d'une situation où la diplomatie était d'abord la recherche de l'absence de conflit ou de tension, à une séquence où l'on veut que la diplomatie soit un outil d'efficacité[3] », résume l'ancien conseiller spécial Ismaël Emelien.

Pour y parvenir, encore fallait-il que la France redevienne audible. Que sa voix porte à nouveau sur la scène internationale. Au sens propre comme au figuré. C'est pourquoi Emmanuel Macron a particulièrement investi ce « domaine réservé » par excellence. Sa maîtrise parfaite de l'anglais, comme aucun de ses prédécesseurs, a été un premier atout dans cette démarche. Il l'a d'ailleurs très vite mis à contribution, en choisissant d'inviter Donald Trump à Paris. Boudé par la plupart de ses homologues, le président américain a immédiatement saisi cette main tendue. D'autant qu'Emmanuel Macron a reproduit avec lui la technique d'approche déjà éprouvée avec Vladimir Poutine : prendre son interlocuteur par les sentiments. Appuyer là où ça fait du bien. À peine élu, le chef de l'État a donc convié le locataire de la Maison-Blanche au défilé du 14 Juillet, avant un dîner au sommet de la tour Eiffel. Un programme

3. Entretien d'Ismaël Emelien avec l'auteur.

taillé sur mesure pour Donald Trump, qui n'a pas caché son plaisir. « Ébloui par la démonstration », le président américain a d'ailleurs demandé au Pentagone de plancher sur une parade militaire du même type. Puis il a rendu la politesse à son homologue français, en le conviant à Washington au plus haut voyage diplomatique : la visite d'État. La première de son mandat. La seule qu'il a reçue en quatre ans.

Là encore, Emmanuel Macron a accepté de s'y rendre avec toujours le même objectif : investir au maximum la relation personnelle, pour espérer en tirer ensuite des avantages sur le plan diplomatique. Cela a semblé fonctionner durant un temps. Au point qu'une rencontre a pu être organisée à la surprise générale entre Donald Trump et le ministre iranien des Affaires étrangères, Djavad Zarif, lors du G7 de Biarritz. Une prouesse rendue possible grâce à un coup de poker du président français, qui a réussi à convaincre son homologue américain lors d'un déjeuner en tête à tête organisé à la dernière minute. Mais cet épisode, capté par les caméras du monde entier, restera finalement sans lendemain. Un coup d'épée dans l'eau qui n'a permis aucune avancée concrète sur le nucléaire iranien. Ni sur aucun autre dossier.

Des échecs de ce type, Emmanuel Macron en a connu plusieurs. Il les a accumulés. Sur les accords de Paris pour le climat. Sur la pacification du

Proche et du Moyen-Orient. Sur la gouvernance au Liban. Sur le conflit azerbaïdjano-arménien dans le Haut-Karabakh. Sur la guerre économique et commerciale… Le président a souvent été près du but, sans jamais l'atteindre. Comme s'il avait permis à la France de retrouver une place et un nom dans le concert des nations, mais pas encore de véritable poids. Comme si le pays était de nouveau écouté, mais toujours pas entendu. À droite comme à gauche, de nombreuses voix considèrent que la nation a sacrifié sa puissance sur l'autel de la construction européenne. Que la seule condition pour renouer avec une souveraineté pleine et entière serait de s'émanciper – voire de se libérer – des carcans de Bruxelles. Il faut dire que l'histoire récente ne leur a pas donné tort. Mais Emmanuel Macron pense le contraire. Qu'aucun pays ne peut peser à lui tout seul dans la « bipolarisation du monde » entre la Chine et les États-Unis. Partant du principe que les affrontements de blocs ne laissent pas de place pour un acteur intermédiaire, son calcul est simple : miser sur le multilatéralisme pour tenter de dégager un espace de médiation… Et y installer l'Europe.

Pour y parvenir, il a d'abord cherché à refaire de la France un pays moteur de l'Union. Puis, fort de ce succès, il a tenté de façonner le Vieux Continent à sa manière. Ramener l'Allemagne sur ses positions économiques et budgétaires, à la faveur de la crise du coronavirus, a été une première étape clé. Reste à s'attaquer aux questions – autrement plus sensibles – de défense. Ce sont les plus délicates, car elles touchent à l'identité profonde de chaque pays. Rien ne dit qu'Emmanuel Macron parviendra à dégager un consensus sur ce point. Les quelques ballons d'essai se sont tous soldés par un tollé. Qu'il s'agisse du partage avec l'Allemagne du siège de membre permanent au Conseil de sécurité de l'ONU ou de la mise en commun de la dissuasion nucléaire, ces deux pistes, à peine évoquées, ont reçu un accueil glacial dans la communauté internationale. *Idem* avec l'armée européenne qu'il a appelée de ses vœux pour anticiper la « mort cérébrale » de l'Otan. En plus de n'avoir fait bouger aucune ligne, cette prise de position s'est révélée contre-productive. Au mieux, elle a surpris. Au pire, elle a braqué. L'incontrôlable Donald Trump a menacé de surtaxer certains produits français. Preuve qu'une relation artificielle ne suffit pas à garantir une diplomatie apaisée. Et qu'un bras de fer ne se remporte pas avec des poignées de main ou des tapes dans le dos.

10

Est-il un écologiste opportuniste ?

> « C'était [l'environnement] peu présent dans la campagne, on ne va pas se mentir. »
>
> Benjamin Griveaux (entretien avec l'auteur)

La scène est suffisamment rare pour donner du poids à l'aveu. Dans le Shinkansen, le train qui le conduit de Tokyo à Kyoto, en juin 2019, Emmanuel Macron convoque les médias pour un exercice dont il est peu friand : le « off[1] ». Sans micro ni caméra, le président tombe l'armure. Il se livre à des confidences plus directes – et plus sincères – que ne le sont ses propos d'estrade. Au lendemain des élections européennes, qui ont sacré Europe Écologie-Les Verts comme la troisième force politique du pays, le chef de l'État est attendu sur

1. Abrégé de *« off the record »* : propos tenus officieusement par un responsable politique, et qui ne doivent donc pas lui être attribués.

la question environnementale. Peut-être plus que jamais. Alors il insiste sur la solidité de ses « convictions » en la matière. D'aucuns y voient de l'opportunisme ? « J'ai la foi des nouveaux convertis », admet-il.

Il faut dire que cette thématique n'avait rien d'inné chez Emmanuel Macron. Formé à l'école du libéralisme entre la fin des années 1990 et le début des années 2000, il a longtemps considéré l'écologie comme un synonyme de décroissance. La comparaison entre ses discours de campagne et les six premiers mois de sa présidence est éloquente. Avant son élection ? Il n'avait tout simplement jamais prononcé le mot « réchauffement ». Quant à « climat » et « planète », qu'il n'employait que très peu, ils apparaissent trois fois plus dans sa bouche à partir du 7 mai 2017. La démonstration, révélée par *Paris Match*[2], est implacable. « C'était peu présent dans la campagne présidentielle, on ne va pas se mentir[3] », confirme Benjamin Griveaux, ancien porte-parole du candidat puis du gouvernement.

En témoigne un paradoxe anecdotique de prime abord, mais lourd de sens. Celui du casting de la présidentielle de 2017. Pour la première fois

---

2. Grâce à un moteur de recherche développé par l'hebdomadaire et intitulé « Le poids des mots », pour analyser les discours.

3. Entretien de Benjamin Griveaux avec l'auteur.

depuis 1974, les écologistes ont décidé de ne pas présenter de candidat. De sacrifier le vainqueur de leur primaire, Yannick Jadot, et de se ranger derrière Benoît Hamon, le candidat socialiste. Annoncée à la surprise générale, cette rupture avec l'aventure initiée près d'un demi-siècle plus tôt par René Dumont s'est transformée en pari perdant à double titre. Un, le socialiste a réalisé le pire score de l'histoire de son parti (6,36 %) malgré ce ticket rose-vert. Deux, cette stratégie de l'effacement a mis en lumière l'incapacité des Verts à prendre la pleine mesure de l'émergence d'une thématique dont ils étaient censés être les porteurs exclusifs. Par chance, ce faux pas les a fait trébucher mais pas s'effondrer. Remis sur pied en moins de deux ans, ils sauront profiter des élections européennes pour battre leur record historique de voix, avec 3 055 023 bulletins. Ce tremplin les propulsera ensuite vers les municipales du printemps 2020, où ils raviront Marseille, Lyon et Bordeaux[4].

Forts de ces succès, les leaders du mouvement se rêvent désormais comme les acteurs centraux de la recomposition tant annoncée à gauche pour la présidentielle de 2022. Cela n'a pas échappé à Emmanuel Macron. Conscient des enjeux, le

4. Michèle Rubirola est élue dans la cité phocéenne, Grégory Doucet dans la capitale des Gaules et Pierre Hurmic dans la perle d'Aquitaine.

président de la République laboure le terrain écolo dès qu'il le peut. Parfois en s'attaquant au vif du sujet. Parfois en restant dans l'incantation. Toujours avec le souci du symbole. Sa première décision et réussite fut la nomination de Nicolas Hulot, qui a franchi le Rubicon pour rejoindre l'hôtel de Roquelaure[5]. Élevé au rang de ministre d'État, en charge de la Transition écologique et solidaire, le numéro trois du gouvernement a fini par céder aux sirènes de la politique en 2017. Ce qu'il avait toujours refusé à Nicolas Sarkozy et François Hollande. « Forcément, ça place la barre assez haut[6]... », observe François de Rugy. Contraint de quitter la présidence de l'Assemblée nationale dès 2018 pour remplacer au pied levé le démissionnaire parti sur un coup de tête[7], le député de Loire-Atlantique a toujours une dent contre l'ex-présentateur d'*Ushuaïa*. « Dès la première année, contrairement à ce qu'il a dit, le bilan était loin d'être négligeable », s'agace-t-il. Il cite plusieurs exemples. À commencer par le fameux *« Make our planet great again »*.

5. Cet hôtel particulier du XVIIIe siècle, situé au 246, boulevard Saint-Germain, à Paris, abrite le ministère de la Transition écologique.

6. Entretien de François de Rugy avec l'auteur.

7. Nicolas Hulot a annoncé sa démission en direct sur France Inter, sans avoir prévenu Emmanuel Macron ni Édouard Philippe au préalable.

Au printemps 2017, Donald Trump annonce une déclaration imminente sur les accords de Paris[8]. De part et d'autre de l'Atlantique, personne ne sait de quel côté la pièce va tomber. Élu, entre autres promesses, sur l'engagement de retirer les États-Unis de la COP21, le président américain entretient le suspense jusqu'à la dernière minute. Rien ne fuite concernant ses intentions. À l'Élysée, on prépare certes deux discours, mais tout le monde se persuade – Emmanuel Macron le premier – que le locataire de la Maison-Blanche va faire marche arrière. Que les enjeux sont trop importants pour qu'il ose aller au bout. Alors, quand la sentence tombe, Emmanuel Macron accuse le coup. Blessé dans son orgueil, il refuse de se laisser affaiblir politiquement. Le décalage horaire l'oblige à s'exprimer au milieu de la nuit. Un pupitre est installé, une caméra est convoquée. Il s'exprime dans les deux langues. Les deux textes sont identiques. À un détail près : il ajoute, dans la version anglaise, un détournement du slogan de campagne de Donald Trump, « *Make America great again* » se métamorphosant donc en « *Make our planet great again* ». L'attaque est frontale. Un court extrait est immédiatement publié sur les réseaux sociaux, accompagné d'un visuel préparé

8. Un accord mondial visant à limiter le réchauffement climatique.

pour l'occasion. Le buzz est mondial. Emmanuel Macron a gagné son pari.

Avec ses stratèges, il planche alors sur la meilleure manière de surfer sur la vague qu'ils viennent de créer. Stéphane Séjourné met en avant le modèle scandinave, où le peuple est en symbiose avec l'impératif écologique. Le président approuve son conseiller politique. Pour que les Français s'approprient à leur tour le combat pour l'environnement, il faut que la France apparaisse aux yeux du monde en pointe sur le sujet. Cet échange donnera naissance au One Planet Summit, un sommet international organisé trois mois plus tard, le 12 décembre 2017. Deux ans jour pour jour après la signature des accords de Paris. La conférence réunira quelque 4 000 personnes dans la capitale, venues de cent trente pays au total. Parmi eux, une cinquantaine de chefs d'État et de gouvernement, qui se sont mêlés à de nombreux acteurs privés pour évoquer ensemble les « financements du climat ».

Voilà pour le volet international. La traduction sur le plan intérieur est en revanche plus laborieuse. Certes, quelques mesures fortes sont inscrites au programme sous la pression des militants En marche ! durant la campagne. « C'est le sujet sur lequel nos adhérents nous ont le plus challengés en interne[9] », se remémore Ismaël

9. Entretien d'Ismaël Emelien avec l'auteur.

Emelien, ancienne éminence grise d'Emmanuel Macron. Pour ne pas décevoir, le chef de l'État donne des gages. Il renonce à l'aéroport de Notre-Dame-des-Landes (Loire-Atlantique)[10], au mégacomplexe Europacity (Val-d'Oise) et au projet minier Montagne d'or (Guyane). Mieux, il crée un « Conseil de défense écologique », qui se réunit régulièrement à l'Élysée. Et il se dote d'une « Convention citoyenne pour le climat », composée de cent cinquante membres tirés au sort, dont il s'engage à reprendre « sans filtre » la quasi-totalité des propositions. Ce qui sera finalement loin d'être le cas dans le projet de loi présenté début 2021, comme le regretteront les intéressés en notant très sévèrement le texte[11].

Il faut dire que l'épreuve du pouvoir a contraint Emmanuel Macron à revoir à la baisse l'audace de certaines promesses. Il prend conscience que la sortie des énergies fossiles *via* la fermeture des centrales à charbon ne sera pas réalisable d'ici 2022. Pas plus que la part du nucléaire – auquel il n'est pas particulièrement hostile – ne sera réduite à 50 % d'ici 2025. Quant à la disparition du glyphosate[12], elle a de fortes probabilités d'être repoussée, faute d'alternative viable. Comme cela

10. Un projet très controversé pendant plus de cinquante ans.
11. Ils adressent une note générale de 3,3 sur 10.
12. Un herbicide très utilisé en France et dans le monde.

a déjà été le cas avec les néonicotinoïdes, partiellement réintroduits en 2021 pour les betteraviers, après avoir été interdits en 2018. Enfin, après qu'une pétition en ligne a recueilli plus de deux millions de signatures en 2019[13], la justice a fini par condamner l'État pour « carences fautives » dans la lutte contre le réchauffement climatique.

« Tous les progrès passent par des normes et de la contrainte. C'est parfois un mal nécessaire », veut croire François de Rugy. L'écologiste n'est pourtant pas sans savoir que l'équilibre entre l'ambition politique et l'acceptabilité populaire est difficile à trouver. En témoigne la réévaluation de la fameuse taxe carbone à l'automne 2018 : l'impôt vert n'a pas résisté aux Gilets jaunes et il a dû être enterré. Preuve que la « fin du monde » et la « fin du mois » ne sont parfois pas compatibles. Et qu'il n'est pas toujours aisé de trouver le bon dosage entre le jugement des urnes et celui de l'Histoire.

---

13. Les quatre ONG à l'origine de la pétition « L'affaire du siècle » – qui dénonce l'« inaction climatique » de l'État – ont déposé un recours devant le tribunal administratif de Paris en mars 2019.

11

Brigitte Macron est-elle sa première conseillère ?

« Tu as intérêt à gagner, parce que si tu perds, il n'est pas question de retenter ta chance en 2022 : je ne serai vraiment plus présentable. »

Brigitte Macron, en petit comité
lors de la campagne présidentielle de 2017

Leur histoire a fait couler beaucoup d'encre. Beaucoup de larmes aussi. Surtout les leurs. Lorsqu'ils se rencontrent au début des années 1990, Emmanuel Macron a une quinzaine d'années à peine. Il est étudiant au lycée jésuite de La Providence, à Amiens. Dans sa classe, ses capacités intellectuelles épatent, à commencer par sa voisine Laurence Auzière qui, le soir, s'en émeut auprès de ses parents. Plus particulièrement de sa mère, Brigitte, qui enseigne le français et le latin dans l'établissement, où elle dirige aussi l'atelier théâtre. C'est dans le cadre de cette activité que la quadragénaire croisera à son tour le chemin du jeune prodige dont lui a si souvent parlé sa fille. Impressionnée, elle tombe sous son charme. En dépit de leurs vingt-quatre années d'écart, une relation se noue secrètement. Passionnelle, certes, mais adultère. Et possiblement illégale[1], si les parents d'Emmanuel Macron avaient souhaité porter l'affaire en justice.

Lorsque leur aventure éclate au grand jour, quelques mois après avoir débuté, le scandale éclabousse toute la bourgeoisie locale. Jean-Michel Macron et Françoise Noguès, deux médecins de renom, ne supportent pas de savoir que leur fils, encore mineur, s'est amouraché d'une femme mariée et mère de trois enfants. Ils l'obligent à quitter sa Somme natale et l'expédient terminer sa scolarité au lycée Henri-IV, à Paris. Ils sont persuadés que, tel Rastignac, le brillant adolescent va s'épanouir dans la capitale. Fréquenter enfin des gens de son âge.

Son parcours académique leur donnera raison. Mais sa réussite ne détourne pas Emmanuel Macron de son rêve : retrouver la femme qu'il aime. « Vous ne vous débarrasserez pas de moi. Je reviendrai et je vous épouserai[2] », lui avait-il promis en partant. Il n'a pas eu tort. Loin de les séparer, leur éloignement les

---

1. Loi du 23 décembre 1980 relative au délit d'atteinte sexuelle sur mineur.

2. « La stratégie du météore », documentaire réalisé par Pierre Hurel.

a rapprochés. Et soudés. Durant toutes ces années, ils n'ont jamais cessé de s'écrire. Pas plus qu'ils n'ont cessé de s'aimer. En 2006, Brigitte Trogneux divorce donc d'André-Louis Auzière, pour se remarier un an plus tard avec l'amour de sa vie. Ils se disent « oui » au Touquet (Pas-de-Calais), où elle possède une maison. Puis ils regagnent la capitale, où ce couple quasi romanesque fait sensation partout où il passe. Quiconque croise leur route ne les oublie pas. Chacun dans leur couloir, ils tracent un sillon qui ne peut que les conduire vers la lumière. « Tous les copains de mon fils le disaient : c'est la meilleure prof qu'ils ont jamais eue ! Elle était géniale[3] », témoigne l'ancien ministre chiraquien Renaud Dutreil dont les enfants ont fréquenté le lycée Franklin à Paris, où elle avait été nommée en 2007.

Ensemble, Emmanuel et Brigitte Macron prennent goût à la vie mondaine dans la capitale. Ils ont leur rond de serviette à La Rotonde, brasserie huppée du VIe arrondissement. Leur table n'y reste jamais vide très longtemps. Artistes, entrepreneurs, intellectuels, élus... Ils se font un nom et une réputation. Ils tissent leur réseau. Leurs proches leur promettent un grand avenir. La politique est une option, ce n'est pas la plus probable. En 2008, Emmanuel Macron vient de quitter la fonction publique et l'Inspection générale

3. Entretien de Renaud Dutreil avec l'auteur.

des finances pour se lancer dans une carrière de banquier d'affaires chez Rothschild. Quant à son épouse, sa seule expérience publique remonte à deux décennies, et s'est soldée par un échec : elle n'est même pas parvenue à se faire élire conseillère municipale à Truchtersheim (Bas-Rhin), où elle s'est présentée sur une liste sans étiquette. C'était en 1989. Lorsqu'elle vivait dans cette petite commune alsacienne d'à peine 3 000 âmes et qu'elle enseignait à Strasbourg.

Surtout, à la fin des années 2000, le couple redoute encore la surexposition. Il ne veut pas souffrir à nouveau de la pression subie dix ans plus tôt. La lente évolution des mœurs – et la progression de l'égalité femmes-hommes dans le débat public – les désinhibe peu à peu, mais elle ne les préserve pas des critiques. Voire de la haine. Des calomniateurs, principalement venus du monde de la finance, répandent des ragots sur leur vie privée. Le plus tenace restera la prétendue homosexualité d'Emmanuel Macron et sa supposée relation avec l'ancien patron de Radio France Mathieu Gallet. Longtemps restée confidentielle – et réservée à la sphère politico-médiatique –, la rumeur gagne le grand public lorsque Emmanuel Macron entre à Bercy. Plus le jeune ministre dévoile son ambition, plus ses adversaires usent de sous-entendus pour le déstabiliser. Il le sait, mais il décide de laisser parler. Il fait d'abord comme si de rien n'était.

Jusqu'à la campagne. Plus question, dès lors, de laisser dire. En février 2017, le candidat profite d'une apparition surprise à un meeting parisien, au théâtre Bobino, pour démentir sa « double vie avec Mathieu Gallet ou qui que ce soit d'autre ». Debout sur les planches, il tourne en dérision ce qui, il le sait, circule « dans les dîners en ville ou dans les boucles de mail ». « C'est mon hologramme qui, soudain, m'a échappé. Mais ça ne peut pas être moi », s'amuse-t-il. Le public, hilare, apprécie son *one man show*. Il est applaudi à tout rompre. Une seule personne ne rit pas : Mathieu Gallet. L'ancien patron de Radio France découvrira dans la presse que son nom a été cité. Le favori de la présidentielle n'avait pas jugé utile de le prévenir du petit numéro qu'il s'apprêtait à jouer devant plusieurs centaines de personnes. Le SMS qu'il lui enverra par politesse à l'issue du discours restera d'ailleurs sans réponse.

Il faut dire que pour ménager l'effet de surprise et de sidération le leader d'En marche ! n'avait mis personne – ou presque – dans la confidence. Debout derrière lui, Richard Ferrand, Benjamin Griveaux, Bariza Khiari et Stanislas Guerini découvrent ses propos en direct. Une seule personne était au courant. Brigitte. « Elle partage tout de ma vie, du soir au matin », confie-t-il simplement. L'intéressée n'est pas sur scène. On ne la voit pas, on ne l'entend pas. Dans le public, personne ne sait qu'elle est là. C'est pourtant elle qui a relu et validé chaque mot au préalable. Discrète et omniprésente à la fois. C'est toute l'ambiguïté de sa position.

D'où la volonté d'Emmanuel Macron, dès avant son élection, de créer un « statut » pour ce qu'il appelle le « premier conjoint » du chef de l'État – et de l'inscrire dans la Constitution. Dans son esprit, l'objectif est double : « sortir de l'hypocrisie » en acceptant de « nommer la fonction et le rôle » ; et « clarifier les moyens de fonctionnement et la mission »[4]. Tout en rappelant que le conjoint, quel qu'il soit, n'est ni rémunéré par le contribuable ni élu démocratiquement. Brigitte Macron « est très lucide là-dessus », affirme le président. En 2017, la levée de boucliers que suscite l'annonce de son projet l'oblige cependant à faire marche arrière. Une pétition en ligne réunit plus de 300 000 signataires au cœur de l'été. Le président se contente donc d'une charte de la transparence, publiée sur le site de l'Élysée. Un condensé minimal de l'agenda de la première dame, du nombre de collaborateurs mis à sa disposition et des moyens qui lui sont alloués.

« Elle a une place dans cette maison qui n'est pas que celle d'être la femme qui m'accompagne dans

4. Entretien d'Emmanuel Macron avec l'auteur, le 28 avril 2017.

la vie[5] », reconnaît aujourd'hui Emmanuel Macron. « Elle est attentive à ce que je fais, attentive au pays… Par son activité associative, elle noue beaucoup de contacts et elle entend beaucoup de choses. Elle est à la fois un relais et une sensibilité. J'écoute ce qu'elle sent, ce qu'elle dit et ce qu'on lui dit, ajoute-t-il. Elle me connaît et j'ai confiance en son jugement. Il serait faux de dire qu'elle n'a aucun rôle et aucune influence sur moi. » L'aveu confirme ce que d'aucuns affirment de longue date. Brigitte Macron n'a pas besoin d'un quelconque mandat pour glisser ses conseils. Elle ne s'exprime pas lorsqu'il s'agit de négocier la paix au Proche-Orient ou de flécher les milliards du plan de relance post-coronavirus. Mais elle n'hésite pas à donner son avis sur les questions de société et les affaires sociales. Avant chaque grande allocution – elle assiste aux enregistrements –, c'est à elle que le chef de l'État soumet ses idées. « Ton truc, je n'y comprends rien. Et si moi je ne comprends pas, comment veux-tu que les gens comprennent ? », lui est-il arrivé de lancer à son mari. Parfois devant les conseillers qui étaient eux-mêmes à l'origine du fameux « truc ».

Du coup, la relation s'est peu à peu tendue avec une partie des lieutenants d'Emmanuel Macron. Notamment la bande de trentenaires qui a œuvré

5. Entretien d'Emmanuel Macron avec l'auteur, le 21 septembre 2020.

au raid victorieux de 2017. « Ils t'enferment trop », regrettait-elle durant la première moitié du quinquennat, en ciblant notamment l'ancien conseiller spécial Ismaël Emelien. À plusieurs reprises, Brigitte Macron a d'ailleurs directement repris les choses en main. Il lui arrive par exemple de peser sur les remaniements, en défendant ses chouchous Marlène Schiappa et Jean-Michel Blanquer, ou en portant une attention particulière aux dossiers de la petite enfance et du handicap.

C'est également à elle que l'on doit l'arrivée de Michèle Marchand dans l'entourage du couple. La sulfureuse septuagénaire, patronne de l'agence Bestimage et « papesse » de la presse people, est connue, reconnue et redoutée dans le Tout-Paris. Ses réseaux sont obscurs. Il arrive à cette ancienne épouse de braqueur et patronne de bars lesbiens aussi invisible qu'efficace de faire de discrètes apparitions aux obsèques de Charles Aznavour ou encore Johnny Hallyday. Sa réputation ? Rien ni personne ne lui résiste. Lorsqu'elle est approchée, c'est d'abord pour faire taire un bruit persistant, selon lequel Emmanuel Macron aurait été photographié au bras d'un homme à Montparnasse. Elle découvrira vite que le cliché, en réalité, n'existe pas. Il n'en fallait pas plus pour qu'une relation de « confiance » se noue. Et que « Mimi » ne reparte jamais très loin.

Mais plus encore que dans la communication, c'est en fait surtout dans l'agenda d'Emmanuel Macron que la première dame intervient fréquemment. Elle dégage des temps privés. Sous son impulsion, le couple présidentiel avait recommencé à sortir le vendredi soir, pour aller au théâtre ou à des expositions, avant que la crise sanitaire ne les en empêche. Ils ont aussi réinvesti la résidence de la Lanterne, dans les Yvelines, où ils se rendent régulièrement le week-end. Ainsi que le fort de Brégançon, dans le Var, où ils ont fait construire une piscine hors sol pour les étés en famille. Ces moments de repos ont souvent été salutaires, mais ils se sont parfois révélés contre-productifs. Comme le week-end qu'elle a cru bon d'organiser dans les Pyrénées, à La Mongie, mi-mars 2019, en pleine crise des Gilets jaunes. Photographié en train de skier tandis que des scènes de chaos agitaient Paris, le chef de l'État a été contraint de revenir dans la capitale. « C'est moi qui lui avais préparé une escapade… Mais bon… », plaidera-t-elle coupable quelques jours plus tard.

Cet épisode aura sonné comme une brutale piqûre de rappel pour Brigitte Macron. Un rappel du fait que la fonction de président de la République s'exerce vingt-quatre heures sur vingt-quatre et sept jours sur sept. Qu'il n'y a guère de temps pour les pauses. Cette vie-là ne la comble pas de bonheur. D'autant que, pour ne rien arranger, les ors de la République ne l'impressionnent pas. Passionnée d'art moderne et contemporain, toujours à la pointe de la mode, elle est habituée à mener la grande vie. L'héritière des célèbres « macarons Trogneux » – créés par ses aïeux il y a six générations – modernise le palais comme elle aurait décoré sa propre maison. La vaisselle venue de Sèvres, les tableaux de maîtres, les travaux dans la salle des fêtes… C'est à elle que l'on doit le coup de jeune qu'elle a cru bon de donner au Château. C'est donc elle qui a été taxée d'arriviste, voire de profiteuse, par une partie du pays.

Au plus fort de la crise des Gilets jaunes, elle a très mal vécu les critiques qui l'ont dépeinte en Marie-Antoinette des temps modernes. Car en 2017, lorsque son mari s'est lancé dans la course, elle était loin d'imaginer la dureté à laquelle le couple serait confronté sur le plan personnel. Au contraire, elle l'a même plutôt encouragé. « Tu as intérêt à gagner, parce que si tu perds, il n'est pas question de retenter ta chance en 2022 : je ne serai vraiment plus présentable », se marrait-elle en petit comité. Désormais, certains de ses proches vont jusqu'à imaginer – sans trop y croire toutefois – qu'Emmanuel Macron puisse renoncer à se représenter en 2022, pour ne pas la brusquer davantage. Ce sont ses tempes à lui qui blanchissent, mais c'est l'intéressée qui semble usée. Ses états d'âme, elle s'interdit toutefois d'en parler. Avec toujours la même pirouette pour se protéger : l'humour. « Le seul avantage de ce quinquennat c'est que notre différence d'âge se réduit à vue d'œil », s'amuse-t-elle en privé.

12

A-t-il aggravé l'affaire Benalla ?

« S'ils veulent un responsable, il est devant vous. Qu'ils viennent le chercher ! »

Emmanuel Macron

18 juillet 2018. L'avion d'Emmanuel Macron vient d'atterrir en Dordogne. Son téléphone sonne. Une alerte s'affiche : « *Le Monde* identifie sur une vidéo un collaborateur d'Emmanuel Macron frappant un manifestant le 1er mai à Paris. » Sur le tarmac, les équipes de l'Élysée s'agitent. Le déplacement est en train de prendre une autre tournure. Officiellement, le président se rend dans le Sud-Ouest pour inaugurer le nouveau timbre à l'effigie de Marianne qui va illustrer son quinquennat. Officieusement, il veut surtout surfer sur la récente victoire de l'Équipe de France, tout juste sacrée championne du monde de football. Ces moments d'union et de cohésion nationales sont si rares – le dernier remonte à 1998 – qu'il y a urgence à en

profiter. D'autant que la fête a failli être gâchée, deux jours plus tôt, lorsque le bus des Bleus a dévalé les Champs-Élysées à toute allure, au grand dam des centaines de milliers de supporters venus les applaudir. La Fédération française de football s'était dédouanée en se défaussant sur l'« Élysée » : une cible commode, sans visage et sans nom. Les Français ne connaissent pas encore l'homme qui, à l'avant du car, fait le lien entre la présidence de la République, la préfecture de police et l'Équipe de France. Ils ignorent tout de celui qui s'apprête à cristallier durablement leur colère : Alexandre Benalla, un épais jeune homme de vingt-sept ans à la barbe fournie et aux lunettes fines.

Lorsqu'il consulte l'article du *Monde* sur son smartphone, Emmanuel Macron revoit des images déjà visionnées deux mois plus tôt. L'ancien patron de la sécurité d'En marche !, cet Alexandre Benalla précisément, devenu chargé de mission auprès du chef de cabinet à l'Élysée, y moleste un couple place de la Contrescarpe (V^e^ arrondissement de Paris). Présent en tant qu'« observateur » aux côtés des forces de l'ordre qui encadrent ce jour-là le cortège de la fête du Travail, le jeune père de famille ne dispose d'aucun mandat légal pour intervenir. Indûment équipé d'un casque de CRS, il décide pourtant de prêter main-forte à une colonne de policiers qui tentent de contenir des heurts. Et il procède *manu militari* à une interpellation particulièrement musclée. Le tout devant la caméra de Taha Bouhafs, un « reporter-militant » controversé, ex-candidat de la France insoumise aux législatives de 2017, qui ne connaît pas l'identité du cogneur.

En quelques minutes seulement, « Alex » – comme le surnomment affectueusement les macronistes – passe du « type intelligent, bosseur et efficace », apprécié de tous, à un individu violent, qui va bientôt devoir rendre des comptes. La différence entre le traitement qui lui sera réservé à l'été[1] – il est cité dans six enquêtes au total, entre autres pour « faux », « usage de faux », « utilisation indue » de passeports diplomatiques – et la légèreté de la sanction prononcée à son encontre au printemps – une suspension de quinze jours et une rétrogradation dans l'organigramme – alimente la défiance de l'opinion. « Mon regret, c'est de ne pas avoir fait fuiter le truc moi-même. Dans le contexte des manifestations violentes, des Black Blocs et du McDo qui brûlait, ça serait passé[2] », veut croire l'intéressé. Au lieu de cela, l'Élysée a préféré traiter la question dans le huis clos du palais. Au risque d'alimenter tous les fantasmes, où le vrai le dispute au faux : de l'appartement et de la

1. Des enquêtes judiciaires, administratives et parlementaires sont immédiatement ouvertes.

2. Entretien d'Alexandre Benalla avec l'auteur.

voiture de fonction aux passeports diplomatiques, en passant par le téléphone crypté, le port d'armes obtenu grâce à une faveur, un coffre-fort qui disparaît mystérieusement lors des perquisitions...

Malgré le déchaînement médiatico-politique, Emmanuel Macron et ses lieutenants tardent à prendre la mesure de la vague à venir. Ils tentent dans un premier temps de défendre coûte que coûte leur protégé. Voire d'allumer des contre-feux sur les réseaux sociaux, *via* la diffusion massive de vidéos obtenues illégalement sur les événements ayant précédé son intervention. Cette erreur, cumulée aux autres, coûtera son poste à Alexandre Benalla. Il sera immédiatement licencié fin juillet 2018. Ce limogeage, présenté comme l'une des sanctions les « plus graves jamais prononcées » à l'Élysée, ne suffira pas à convaincre le président de s'exprimer publiquement. En privé, le chef de l'État continue de minimiser l'impact d'« une affaire d'été, pas une affaire d'État ». Devant les parlementaires de la majorité, à qui il réserve une visite surprise lors de leur pot de fin de session, quelques jours après les faits, il fanfaronne. « S'ils veulent un responsable, il est devant vous. Qu'ils viennent le chercher ! », lance-t-il, faisant en sorte d'être filmé.

Sur le moment, son message ne s'adresse pas à l'opinion, mais aux oppositions. Le président accuse la gauche et la droite de vouloir surexploiter l'épisode, de s'engouffrer dans la première brèche du quinquennat. « Cette "affaire" a eu une existence politique et médiatique disproportionnée par rapport à la réalité des faits. [...] Elle a été très utilisée. Par les extrêmes, mais aussi par des partis classiques qui ont essayé de reprendre le pouvoir[3] », considère aujourd'hui le président de la République. Mais le temps a fait son œuvre. Et le recul lui a permis de prendre conscience que son déni avait largement contribué à en amplifier les conséquences. « Il est vrai que cette affaire a choqué, reconnaît-il. Ça a montré qu'il ne pouvait pas y avoir de vulnérabilité, quelle qu'elle soit, parce qu'elle était à ce moment-là surexploitée. » Désormais, plus question de parler de « tempête dans un verre d'eau », comme il l'avait fait à l'époque. Il évoque un « fait divers » qui lui a laissé des « cicatrices ».

Ses proches regrettent qu'il n'ait pas fait preuve d'une telle lucidité plus tôt. Convaincu d'avoir raison sur le fond, le chef de l'État est longtemps resté indifférent aux sirènes de tous ceux qui, dans son entourage, l'alertaient sur la sensibilité du pays. Cette surdité a alimenté le terreau sur lequel les Gilets jaunes sont apparus quelques semaines plus tard. Nés de la contestation contre

3. Entretien d'Emmanuel Macron avec l'auteur, le 24 septembre 2020.

la « taxe carbone », les manifestants ont surtout prospéré sur la rupture entre le « peuple » et les « élites ». Dans leurs cortèges, le célèbre « qu'ils viennent [me] chercher » est devenu un slogan. Il s'est retourné contre le président. Certains l'ont pris au pied de la lettre, en promettant d'investir l'Élysée par la force pour l'obliger à s'expliquer. Quant aux autres, ils ont préféré arborer des masques à l'effigie d'Alexandre Benalla, pour protester contre l'impunité qui régnerait selon eux au sommet de l'État. « S'il y a une personne pour qui ce qui s'est passé est assez définitif, c'est lui. Il a été sanctionné en interne, et il a été sacrément sanctionné en externe. Je ne pense pas qu'on puisse dire que c'est un bandit de grand chemin », rétorque Emmanuel Macron.

Deux ans après les faits, le président ne regrette pas d'avoir donné sa chance au natif d'Évreux. Il sait cependant que le fait qu'Alexandre Benalla soit « monté très vite très haut » a accéléré sa chute. Persuadé dès son adolescence que le gamin de banlieue qu'il est ne pourra pas réaliser son rêve – la politique – par la grande porte, le Franco-Marocain décide très tôt de forcer le destin. Il intègre le service d'ordre du PS au début des années 2010. Il gravite autour de Martine Aubry, François Hollande puis Arnaud Montebourg… Mais ces aventures sont éphémères. Il multiplie les erreurs et échoue à s'inscrire dans la durée auprès d'eux. Jusqu'à sa rencontre avec Emmanuel Macron, durant la campagne de 2017. Le leader d'En marche ! apprécie son côté tête brûlée. La manière dont il l'exfiltre par l'arrière des locaux de *La Provence*, en marge d'un déplacement à Marseille, pour éviter au candidat de voir sa visite polluée par un affrontement avec les taxis venus manifester, le séduit. Une fois à l'Élysée, le chef de l'État en fait donc son homme de confiance.

Cette promotion soudaine dépasse les espérances d'Alexandre Benalla. En plus d'être chargé de l'agenda privé du couple présidentiel, le gendarme réserviste lorgne une mission ultrasecrète : la fusion des différents services chargés de la sécurité du chef de l'État. Il s'imagine déjà en prendre la tête. Impatient, il dessine même le badge des membres de ce futur service. Quelques privilégiés en ont reçu un spécimen. Ils ont donné à cette pièce unique un nom : « le Benalla ». Et ils en rigolent encore.

13

Les Gilets jaunes ont-ils changé l'homme (politique) ?

> « À ce moment-là, on est en mode casque lourd et tenue de combat. On redoute une guerre civile. »
>
> Ludovic Chaker, conseiller du chef d'état-major particulier du président de la République

Le rendez-vous est exceptionnellement fixé à l'hôtel de Marigny, une annexe de l'Élysée. Installé au centre de la pièce, le secrétaire général de la présidence, Alexis Kohler, dirige la traditionnelle réunion de cabinet qui rassemble une cinquantaine de collaborateurs une à deux fois par mois. La chaise voisine de la sienne reste étonnamment vide, mais presque personne ne le remarque. Les sujets à l'ordre du jour sont trop importants pour s'attacher à ce genre de détail. Quelques jours seulement après la manifestation ultraviolente du 1er décembre 2018[1], l'exécutif a une priorité : éviter que la situation ne dégénère à nouveau le week-end suivant. Pas question de laisser saccager l'Arc de triomphe une nouvelle fois par des Gilets jaunes. Pas question, non plus, d'assister à l'incendie d'une autre préfecture, comme au Puy-en-Velay. Les remontées des services de renseignements font état d'un niveau d'alerte rarement atteint. Pour la première fois, les véhicules blindés à roues de la gendarmerie (VBRG) vont être déployés dans Paris. L'inquiétude est à son comble. Brigitte Macron est secrètement invitée à prendre ses repères dans le bunker antiatomique du palais de l'Élysée, le « PC Jupiter ». C'est ici, à plusieurs dizaines de mètres sous terre, qu'elle devra se réfugier en cas d'invasion du Château le lendemain. « À ce moment-là, on est en mode casque lourd et tenue de combat. On redoute une guerre civile », confiera plus tard et en privé Ludovic Chaker, conseiller du chef d'état-major particulier du président de la République.

La réunion s'éternise. La sortie de crise paraît hors de portée. Jusqu'à la visite surprise du chef de l'État, résolu à remobiliser ses troupes. Il commence par livrer son analyse de la contestation, avant d'exiger deux réponses, à court et à long

1. Le bilan fait état de 133 blessés, dont 23 policiers, et 412 interpellations, dont 378 gardes à vue.

terme. S'il insiste avec force sur l'indispensable rétablissement de l'« ordre républicain » – la tentative de lynchage à laquelle son cortège a échappé en Haute-Loire l'a traumatisé[2] –, il refuse de se contenter d'un discours martial. Il lance un appel au calme, à la sérénité et au sang-froid, conclu par une analyse surprenante. « Ma propre élection est très certainement l'épisode un des Gilets jaunes. Les gens ont envie de renverser la table. Ils ont raison. Nous devons non seulement les entendre, mais nous devons les aimer », lance-t-il ce jour-là.

En clair, la révolte qui s'exprime dans la rue n'est rien d'autre que le prolongement de celle exprimée un an et demi plus tôt dans les urnes. « Les Gilets jaunes, ce n'était pas seulement un mouvement anti-taxe carbone, comme les Bonnets rouges étaient anti-taxe poids lourds. C'était un mouvement anti-impôt et pro-pouvoir d'achat. Ce que nous sommes nous aussi[3] ! », décrypte l'ancien ministre François de Rugy. « Il faut se souvenir que leur slogan principal, c'était : "On veut vivre de notre travail." Ce sont exactement les mots de notre campagne de 2017[4] », abonde David Amiel, ancien conseiller économique d'Emmanuel Macron.

2. Poursuivi par des manifestants en colère, Emmanuel Macron a dû être évacué du Puy-en-Velay le 4 décembre 2018.

3. Entretien de François de Rugy avec l'auteur.

4. Entretien de David Amiel avec l'auteur.

Le recul du gouvernement, qui renonce début décembre à augmenter le prix du diesel et de l'essence, ne suffit pas à calmer la grogne. Quatre jours plus tard, 126 000 personnes se mobilisent dans tout le pays. La journée du 8 décembre est une nouvelle fois marquée par la violence, la casse et les pillages. Au total, 264 personnes sont blessées – dont 39 policiers et gendarmes – et les forces de l'ordre procèdent à près de 2 000 arrestations, qui donneront lieu à plus de 1 700 gardes à vue. Contrairement à ce qu'ils s'étaient promis, le chauffeur routier Éric Drouet – l'un des leaders des Gilets jaunes – et son contingent de factieux insurrectionnels échouent à « rentrer dans » l'Élysée[5]. Alors ils jurent de retenter leur chance la semaine suivante.

Emmanuel Macron sait qu'il cristallise une partie de la haine exprimée dans la rue, mais il sous-estime l'ampleur du rejet. Il préfère accuser les médias de jeter de l'huile sur le feu en accordant le « même statut qu'un ministre » à n'importe quel « Jojo avec un gilet jaune ». Malgré tout, le soutien massif de l'opinion publique aux Gilets jaunes le trouble. D'après les sondages, la moitié, voire les trois quarts, des Français partagent leur colère et

5. Le parquet de Paris a ouvert une enquête pour « provocation à la commission d'un crime ou d'un délit » et « organisation d'une manifestation illicite ».

les encouragent à poursuivre leurs actions. « Nous sommes un peuple de jacqueries, résumera le chef de l'État un an plus tard. Un pays monarchiste et régicide. On aime avoir un chef – et maintenant l'élire ! – pour pouvoir le tuer quand les choses vont mal[6]. »

« Tout cela nous a appris qu'on ne transforme pas l'ordre des choses "pour" les Français, mais "avec" eux[7] », résume le président de l'Assemblée nationale, Richard Ferrand. Résultat, lors de son allocution solennelle du 10 décembre 2018, le chef de l'État ne se contente pas d'annoncer une série de mesures en faveur du pouvoir d'achat (baisse des cotisations sociales, hausse de la prime d'activité, défiscalisation des heures supplémentaires, etc.). Il lance le « grand débat national[8] ». « Il nous a dit : "En fait, il faut qu'on se mette à nu, il faut qu'on aille à portée d'engueulade. Il faut donc que j'aille voir les Français et ceux qui les représentent"[9] », rapporte l'ancienne porte-parole du gouvernement Sibeth Ndiaye. Cette initiative inédite s'accompagne d'un *mea culpa* : « Je sais qu'il m'est arrivé de blesser certains d'entre vous

6. Entretien d'Emmanuel Macron avec l'auteur, le 23 janvier 2020.

7. Entretien de Richard Ferrand avec l'auteur.

8. Une série de déplacements sur le territoire et de rencontres avec les élus.

9. Entretien de Sibeth Ndiaye avec l'auteur.

par mes propos. » Et d'un grand regret : n'avoir « pas su [...] apporter une réponse suffisamment rapide et forte » aux « quarante années de malaise qui ressurgissent ».

Emmanuel Macron pense-t-il alors à la vidéo virale de Jacline Mouraud, la première Gilet jaune, qui a fait plus de six millions de vues sur Facebook mi-octobre 2018 ? « Ce qu'elle dit est vrai, ça va faire réagir. Il faut lui répondre », lance-t-il à ses conseillers et à son gouvernement. Il hésite à s'en charger lui-même, avant de finalement demander à Emmanuelle Wargon de traiter le sujet. Mais la vidéo dans laquelle la secrétaire d'État se défend de tout « complot contre la voiture » ne suffira pas à calmer le « coup de gueule de certains automobilistes ». Deux semaines plus tard, le 17 novembre, 288 000 personnes occupent les ronds-points et bloquent les péages. L'appel de Jacline Mouraud a été entendu.

Natif de la Somme et pyrénéen d'adoption – bien avant de devenir parisien –, Emmanuel Macron prétend avoir le sentiment d'être rejeté par une partie des siens. « Je viens moi aussi de ces régions frappées par la mondialisation et les délocalisations. J'ai grandi dans une région qui était florissante... Et je me suis réveillé, adolescent ou jeune homme, avec des territoires qui ont été fauchés, des vies qui ont été cassées, et une histoire de progrès qui a été fracturée[10] », observe-t-il aujourd'hui. Persuadé d'avoir vu juste dès la campagne, Emmanuel Macron sort de ce tourbillon, mi-2019, avec la conviction qu'il lui faut poursuivre dans la voie engagée en 2017. Continuer à réformer ; accélérer la transformation du pays ; moderniser l'économie ; redonner la parole aux citoyens… Bref, ne pas renoncer à ce que la « grande marche » avait révélé, et ce que le « grand débat » a confirmé. Mais le chef de l'État ne se satisfait pas totalement de ce constat. Après les avoir ignorées, il n'est plus insensible aux analyses du géographe Christophe Guilluy, qui a cartographié la « France périphérique[11] ». Il n'est pas insensible non plus à la dichotomie entre les « gens de partout » et le « peuple de quelque part »[12], théorisée par le journaliste britannique David Goodhart. Le plan de relance économique postcoronavirus permettra selon lui de répondre à une partie de l'inquiétude des classes moyennes. Mais cela ne suffira pas.

10. Entretien d'Emmanuel Macron avec l'auteur, le 24 septembre 2020.

11. Marginalisation des classes populaires, reléguées au monde rural ou périurbain et délaissées par le pouvoir central.

12. Opposition entre les nomades, gagnants de la mondialisation, et les sédentaires, qui en sont exclus ; D. Goodhart, *The Road to Somewhere : the Populist Revolt and the Future of Politics*, Londres, Hurst & Company, 2017.

« Trois tensions très fortes, qui sont trois grandes transitions », pronostique-t-il, provoquent chez celles-ci le « sentiment de déclassement, d'abandon, de perte de contrôle de son territoire, de sa vie, personnelle et familiale ». La première – écologique – est trop rapide, trop brutale et pas assez sociale à ses yeux pour « recréer le cadre de référence commun ». La deuxième – technologique et numérique – doit permettre de « récupérer 13 millions de gens » laissés au bord de la route, mal à l'aise avec ces outils. Quant à la troisième – démographique –, elle est « source d'angoisse » pour la génération intermédiaire, prise en tenaille entre des enfants promis à un avenir difficile et des parents qui vivent de plus en plus longtemps. « Tout change, et les repères dans lesquels on s'est construit sont complètement bouleversés », relève le président. Régler ces trois grands sujets ne se fera pas en un jour. Emmanuel Macron le sait. Mais il est formel : tant qu'il n'aura pas « réussi à recréer un cadre commun », la crise « reviendra ». Peut-être sous la même forme.

14

Considère-t-il les syndicats comme un frein ?

> « La rencontre entre un homme et les Français, sans aucun intermédiaire, n'a lieu qu'à un seul moment : l'élection présidentielle. Dans l'exercice du pouvoir, c'est autre chose... »
>
> Jean-Marc Borello, patron du groupe SOS et « visiteur du soir » d'Emmanuel Macron

La blessure est ancienne mais elle est encore vive et elle a précipité le divorce. À la rentrée 2015, François Hollande et Manuel Valls envisagent de promouvoir Emmanuel Macron à la tête d'un grand ministère du Travail et de l'Industrie. Le président de la République et le Premier ministre veulent frapper fort pour remplacer François Rebsamen, de retour dans sa mairie de Dijon. Le benjamin du gouvernement a trouvé ses aises à Bercy, mais il ne s'oppose pas à l'idée de rejoindre la rue de Grenelle, où les chantiers de la fin du quinquennat sont nombreux. L'affaire semble entendue. Le 2 septembre, l'Élysée annonce pourtant, contre toute attente, la nomination de Myriam El Khomri. L'ancienne secrétaire d'État à la Politique de la Ville hérite, à la surprise générale, du Travail, de l'Emploi, de la Formation professionnelle et... du Dialogue social. Le diable se cache précisément dans ce détail. Car François Hollande est secrètement allé sonder Laurent Berger. Bien qu'ils soient tous les deux réformistes et rocardiens, le patron de la CFDT n'est pas fan du jeune ministre de l'Économie. Il s'oppose à sa nomination. Le chef de l'État renonce. L'intéressé n'en revient pas.

Lorsqu'il était secrétaire général adjoint de l'Élysée, entre 2012 et 2014, Emmanuel Macron s'était déjà étonné de la place que François Hollande accordait aux syndicats dans la gestion des affaires du pays. Leur pouvoir lui était apparu supérieur à celui de n'importe quel ministre – y compris le premier d'entre eux. Alors, une fois élu, il areprécisé les choses. « Au début du quinquennat, j'ai tenu à clarifier le champ : ce qui relève de la puissance publique peut faire l'objet d'information et de concertation, mais pas de négociation[1] ! »,

1. Entretien d'Emmanuel Macron avec l'auteur, le 24 septembre 2020.

confie aujourd'hui le président de la République. « Nous avons pris l'habitude de considérer les syndicats comme des partis politiques. Nous devons collectivement en reformuler la place et le rôle. »

Élu sur un vaste programme de réformes économiques – Code du travail, retraites, assurance chômage, SNCF –, Emmanuel Macron veut très vite faire mentir les prophètes de malheur qui lui répètent qu'il pourra difficilement couper au fameux « dialogue social ». Persuadé que l'onction du peuple équivaut à un blanc-seing, le président fait de son programme le testament du « nouveau monde ». « Sur tout, je fais ce que j'ai dit », martèle-t-il. Sous-entendu : « Et je le fais comme je l'ai dit. » Jean-Marc Borello, son professeur d'économie sociale à Sciences Po, le met pourtant en garde à plusieurs reprises : « La rencontre entre un homme et les Français, sans aucun intermédiaire, n'a lieu qu'à un seul moment : l'élection présidentielle. Ensuite, dans l'exercice du pouvoir, c'est autre chose[2]... » Le patron du groupe SOS, qui est à la tête de 18 000 salariés, sait de quoi il parle. Il a plus de quarante ans de militantisme politique derrière lui. Jusqu'ici, Emmanuel Macron a toujours plutôt suivi ses conseils. Pas cette fois-ci. Le sexagénaire n'est pas parvenu à convaincre son jeune protégé.

2. Entretien de Jean-Marc Borello avec l'auteur.

Emmanuel Macron est un homme pressé. À ses yeux, les syndicats sont des obstacles sur la grande autoroute des réformes. « Les corps intermédiaires sont à la fois des ralentisseurs et des rassembleurs. Entre moins rassembler et aller plus vite… Il n'a pas beaucoup hésité[3] », témoigne l'ancien ministre chiraquien Renaud Dutreil – et fondateur de La Droite avec Macron. N'écoutant que son tempérament, le chef de l'État décide de réformer le Code du travail par ordonnances, et il n'intègre presque aucune proposition des syndicats à son texte sur la SNCF. Quant au chantier de l'assurance chômage, il échoue finalement entre les mains de l'exécutif, après que les partenaires sociaux ont montré leur incapacité à s'entendre. « On vient d'avoir un exemple de vraie négociation sociale », avait alors ironisé en petit comité le chef de l'État.

La plaisanterie n'a cependant pas duré. La crise des Gilets jaunes a constitué une douloureuse piqûre de rappel pour le président de la République. Né en dehors de toute structure, le mouvement lui a prouvé par l'absurde que l'intermédiation et la représentation n'étaient pas que des vains… maux. « Les syndicats ont aussi un rôle de régulateur social, confirme l'ancien ministre de l'Intérieur Christophe Castaner. Or là, nous avons dû gérer un problème politique en l'absence

---

3. Entretien de Renaud Dutreil avec l'auteur.

d'interlocuteurs. Si le maintien de l'ordre peut devenir un problème politique, on ne règle jamais un problème politique avec du maintien de l'ordre. C'était l'impasse assurée[4]. »

Faute de porte-parole identifiés et reconnus par la base, les manifestants se sont exprimés samedi après samedi, mais leur message était inaudible, les revendications ayant été aussi nombreuses que paradoxales. Le rétablissement de l'ISF fut exigé au même titre que la baisse des impôts ; la démocratie directe célébrée au même titre que l'État-nounou… Quant au gouvernement, il fut accusé de rester sourd à la rue, alors que chaque tentative de dialogue avec des délégations de Gilets jaunes s'est soldée au mieux par un procès en illégitimité, au pire par des menaces de mort à l'encontre des « traîtres », prétendument venus se vendre sous les ors de la République.

La pression finit par redescendre aux élections européennes du printemps 2019. Avec moins de 1 % des voix, les Gilets jaunes échouent à exporter leur colère sur la scène politique. Le mouvement s'éteint, mais pas ce qu'il a exprimé. Emmanuel Macron et les syndicats ressortent de l'épreuve tout aussi fragilisés. Le premier parce qu'il s'est retrouvé seul face à la rue, les seconds parce qu'ils ont été dépassés. Voire ringardisés. Les signaux

4. Entretien de Christophe Castaner avec l'auteur.

faibles, annonciateurs de ce funeste destin, s'étaient pourtant multipliés dans l'indifférence générale au cours des dernières années. La crise de représentativité syndicale, qui n'a cessé de s'aggraver, en est la preuve : à peine plus de 10 % de salariés syndiqués – secteurs public et privé confondus –, contre près de 75 % en Finlande et plus de 20 % en moyenne dans l'Union européenne. Résultat, une partie des corps intermédiaires acceptent désormais la fatalité, ou l'évidence : le champ syndical n'échappera pas à la fameuse « recomposition ». Comme l'a été avant lui la classe politique, balayée par En marche ! en 2017.

Pour s'inscrire dans la durée, cette réinvention devra sans doute tenir compte d'au moins trois enjeux capitaux. Au même titre que la décentralisation et le girondisme se sont imposés à l'État jacobin, le système confédéral va devoir faire plus de place à ses fédérations locales. Et accepter que certaines discussions soient plus efficaces au niveau de la branche, voire de l'entreprise, qu'elles ne le sont à l'échelle nationale. Il s'agira peut-être ensuite de théoriser – et d'intégrer – des réponses aux nouvelles thématiques qui transcendent les clivages traditionnels : l'écologie et le numérique notamment. Il faudra enfin s'adapter au changement de nature de l'engagement citoyen, puisque au militantisme classique ont succédé des combats choisis et des indignations sélectives.

Convaincus de la nécessité de cet *aggiornamento*, les macronistes n'en demeurent pas moins traumatisés par l'*annus horribilis* que les Gilets jaunes leur ont fait vivre à mi-mandat. La gestion de la réforme des retraites en est le meilleur exemple. Après deux années d'intenses négociations, menées dans l'ombre par le haut-commissaire Jean-Paul Delevoye, le président de la République annonce, à l'été 2019, qu'il souhaite rouvrir la discussion sur plusieurs points. Mieux, il croit bon de ressusciter son fameux « grand débat », pour prouver qu'il a bien retenu la leçon. Quitte à se laisser prendre à son propre piège et à tomber dans les travers de ses prédécesseurs, si souvent dénoncés. « Ce n'est pas parce qu'on négocie que ça bloque. Ce n'est pas la faute des syndicats. C'est juste que c'est plus dur », feint-il de prétexter aujourd'hui. Il n'empêche. Englué dans d'interminables négociations avec les partenaires sociaux – qui, CFDT en tête, refusaient que la réforme systémique (universalité) s'accompagne d'une réforme paramétrique (financement) –, l'exécutif a fini par dégainer le « 49-3 » – l'engagement de la responsabilité du gouvernement sur un projet de loi devant les députés – en février 2020.

Comme un signe du destin, la crise du coronavirus a mis un brutal coup d'arrêt à ce passage en force. Elle a contraint Emmanuel Macron à « suspendre » le texte et à le reporter *sine die*.

Certes, le président assure qu'il compte remettre la réforme sur le métier avant la fin de son quinquennat. « C'est mon engagement de campagne », soutient-il. Même si tout porte à croire qu'il préférera repousser à 2022. Alors, en attendant, le gouvernement temporise pour gagner du temps et multiplie les grandes conférences sociales dont rien ne ressort. Précisément ce qu'Emmanuel Macron s'était juré de ne jamais faire.

15

S'est-il mis les élus à dos ?

> « Les gens veulent les compétences, l'argent. Mais ils ne veulent pas porter les décisions difficiles. Il n'y a plus de goût pour les responsabilités. »
>
> Emmanuel Macron

Les partis sont morts, vivent les territoires ! Groggy par la victoire surprise d'Emmanuel Macron, les oppositions traditionnelles ont toutes posé un genou à terre au printemps 2017. Les Républicains ne se sont pas remis des départs en retraite successifs de Nicolas Sarkozy, Alain Juppé et François Fillon ; le Parti socialiste n'a pas trouvé de jeune loup pour prendre la suite de l'éléphant François Hollande ; et Marine Le Pen a mis longtemps à ressortir la tête de l'eau après son naufrage du débat d'entre-deux-tours. Seul Jean-Luc Mélenchon a semblé tirer son épingle du jeu durant quelques mois, mais l'épisode des perquisitions[1] a brutalement rappelé sa vraie nature : un colérique aussi talentueux qu'incontrôlable. Depuis, il a dégringolé du prestigieux statut de « premier » opposant à celui, moins glorieux, d'« éternel » opposant.

Face à ce champ de ruines, qu'il a habilement provoqué puis entretenu en chassant sur les terres de chacun, le chef de l'État estimait avoir réussi le plus difficile. La « verticalité pyramidale » – où plusieurs échelons, que l'on appelle « corps intermédiaires », séparent la base du sommet – avait fait son temps. Toute forme d'intermédiation étant désormais écartée, plus personne ne pourrait se placer entre les Français et lui. À la tête d'un commando ultraresserré à l'Élysée, patron d'une majorité pléthorique à l'Assemblée nationale, il a cru bon de gouverner seul.

Cette erreur de lecture est liée à la fulgurance de son parcours et à son inexpérience électorale : il n'avait jamais été jusqu'ici candidat au moindre mandat. Trop obsédé par la fonction suprême, le héraut du « nouveau monde » a sous-estimé le rôle et la place des élus locaux. Résultat, pendant que le Premier ministre et lui dépensaient – avec succès – leur énergie à empêcher la reconstruction

1. Le leader de la France insoumise a été filmé en octobre 2018 éructant contre les forces de l'ordre à son domicile, puis au siège de son mouvement.

des partis classiques, le couple exécutif a laissé un adversaire coriace fourbir ses armes : l'Association des maires de France (AMF).

Emmenée par l'ancien ministre chiraco-sarkozyste François Baroin, cette vaste structure réunit la quasi-totalité des édiles – plus de 34 000 – du pays. Créée il y a plus d'un siècle, elle est pourtant peu connue du grand public. Porteuse d'une voix girondine dans un État encore trop jacobin, l'AMF n'a pas tardé à s'installer dans la chaise vide de l'opposition. Et s'est fait un malin plaisir de caricaturer le chef de l'État en « président des villes », déconnecté des réalités. À ce procès, éminemment politique, sont venues s'ajouter des critiques arithmétiques sur la baisse des crédits, la diminution des emplois aidés et la suppression de la taxe d'habitation.

Cette double offensive a pris au piège l'exécutif : le gouvernement a tenté d'y répondre sur le terrain des chiffres. Or le projet de contractualisation sur les dotations n'est pas un thème suffisamment porteur pour inverser la tendance. Et encore moins pour espérer remporter les faveurs de l'opinion. « On a été mauvais dans l'explication et dans la bataille d'interprétation[2] », reconnaît Ismaël Emelien, ancien conseiller spécial du chef de l'État.

2. Entretien d'Ismaël Emelien avec l'auteur.

La réception organisée en grande pompe par Emmanuel Macron, réunissant plus de 1 000 convives dans la salle des fêtes de l'Élysée en novembre 2017, n'y changera rien. L'ambiance y est plutôt chaleureuse, certes, mais la messe est déjà dite. La preuve, des sifflets et des huées accueillent le président, le lendemain, à son arrivée au centième congrès des maires.

Plus les semaines passent, plus la grogne s'intensifie. Et plus le fossé se creuse. Persuadés d'avoir raison sur le fond, les macronistes ne font guère d'efforts pour arrondir les angles avec les élus. Ils considèrent que ces méthodes d'obstruction relèvent de l'ancien monde et qu'elles ne leur résisteront pas longtemps. Cet excès de confiance les empêche de voir émerger la constitution d'un front inédit, alliant les trois principales associations d'élus – maires (AMF), départements (ADF) et régions (ARF) – avec la « Chambre des territoires » – le Sénat. Quatre institutions présidées par des hommes venus de la droite.

Ensemble, le quatuor Baroin-Bussereau-Morin-Larcher fait vivre un véritable cauchemar au président de la République. Et ce dernier leur rend coup pour coup en privé. « Pardon, mais ces gens ont participé à tous les trucs qui n'ont pas bien marché avant, et ils n'ont pas envie que ça marche maintenant. Ce ne sont pas des gens qui ont une réflexion historique sur la période que l'on vit, ni une volonté de projeter le pays[3]... », assène-t-il par exemple en petit comité au début de l'année 2020. « Tous ceux qui étaient là quand je suis arrivé ont toujours considéré que cette aventure n'était pas possible, et que ce moment de la vie du pays n'était pas juste. Parce que ça n'était pas le leur[4] », complète-t-il aujourd'hui.

Comme Emmanuel Macron, ses proches nourrissent de l'amertume à l'égard des associations d'élus. « Aucun gouvernement n'a jamais eu à subir ce qu'on a eu à subir. Toutes les semaines, il y avait au moins deux communiqués pour expliquer à quel point on était nuls[5] ! », s'indigne Stéphane Séjourné, eurodéputé LREM et conseiller politique à l'Élysée. Le trentenaire, chargé des relations entre Emmanuel Macron et les élus lorsque son champion était ministre de l'Économie, ne comprend toujours pas comment la situation a pu leur échapper à ce point.

Car tous ceux qui l'ont accompagné à Bercy l'assurent : le benjamin du gouvernement était très soucieux de rencontrer les élus et parlementaires locaux à chacun de ses déplacements. Il n'était

3. Entretien d'Emmanuel Macron avec l'auteur, le 23 janvier 2020.

4. Entretien d'Emmanuel Macron avec l'auteur, le 24 septembre 2020.

5. Entretien de Stéphane Séjourné avec l'auteur.

pas question pour lui de rater le traditionnel repas « républicain ». Quitte à prendre du retard sur le programme du jour – une stratégie chez lui, car il considère que chaque minute perdue équivaut à un point d'empathie gagné. De ces agapes, il revenait avec les numéros personnels des uns et des autres, pour pouvoir ensuite échanger directement par SMS.

À cette attention portée aux élus s'ajoutent les centaines d'heures passées au banc, au Parlement, pour y défendre sa loi sur la croissance et l'activité. Le non-cumul des mandats n'existant pas encore, rares sont les parlementaires dépourvus d'ancrage local. Il en séduit plusieurs, aux profils divers, du radical-socialiste du Cantal Jacques Mézard à l'urbano-métropolitain lyonnais Gérard Collomb, ou encore l'élu de Bretagne rocailleux et plus rural Richard Ferrand.

Tout implantés qu'ils sont, les grands élus rassemblés autour d'Emmanuel Macron ne parviendront pas à casser son image « mondialiste ». La crise des Gilets jaunes constitue le point d'orgue de cette rupture avec la France dite « des territoires ». L'ensemble de la classe politique y est conspué par les manifestants, à l'exception des maires, seuls élus encore acceptés sur les ronds-points. Le chef de l'État verra là une opportunité unique d'engager une réconciliation. Ce sera le « grand débat ».

Trois mois durant, il part à la rencontre de plusieurs milliers d'édiles aux quatre coins du pays. Il traverse onze régions, organise cinq réceptions à l'Élysée et dialogue avec les Français près d'une centaine d'heures. Ce périple désamorce une partie de la colère. Le pays apprécie de voir Jupiter descendre du ciel pour se rendre au plus près du terrain. « À portée d'engueulade », comme il le dit. Il prend alors conscience des conditions d'exercice des mandats locaux : bénévolement, avec pour seul souci l'intérêt général de la commune et des administrés.

Il comprend aussi que ce tissu territorial constitue le « dernier kilomètre de la transformation », décisif pour agir au plus près des Français. Et que le mandat de maire « ressemble le plus à celui de président ». Que ces pouvoirs exécutifs surpassent ceux des parlementaires, à qui il a réservé deux expressions solennelles au congrès de Versailles, en 2017 puis en 2018, avant de renoncer. « À ses yeux, la municipalité est l'échelon d'où on peut le plus changer la vie des gens[6] », assure l'ancienne porte-parole du gouvernement Sibeth Ndiaye.

Les municipales du premier semestre 2020 confirment les craintes de la majorité : un soufflet pour l'exécutif et la remise en selle des

6. Entretien de Sibeth Ndiaye avec l'auteur.

partis traditionnels[7]. Emmanuel Macron a beau se convaincre que « les vrais élus n'ont pas le même discours que ceux qui les représentent », François Baroin sort grand gagnant de la séquence. Largement réélu à Troyes (Aube) quelques mois après avoir réintégré les instances dirigeantes des Républicains, le président de l'AMF est pressé de prendre la tête de l'opposition à Emmanuel Macron et de se lancer dans la course à la présidentielle de 2022. Capable de porter à la fois les couleurs de la droite et celles, plus conceptuelles, des « territoires », le quinquagénaire entretient d'abord le mystère sur ses intentions.

À l'été 2020, l'échec du couple « maire-préfet »[8] défendu par le Premier ministre Jean Castex pour anticiper au mieux la reprise épidémique agace particulièrement le chef de l'État. « Notre pays a un problème, c'est que les gens veulent le partage, ils distillent des pouvoirs ou des compétences… Mais ils ne veulent pas de partage des responsabilités. Et ceci est vrai de tous ceux qu'on appelle les "corps intermédiaires", qu'ils soient territoriaux ou locaux, éructe-t-il à la rentrée. Les gens veulent

7. Les résultats nationaux placent LR en tête (23,61 %), devant le PS (20,21 %). Le RN (3,11 %) et LREM (2,22 %) arrivent loin derrière.

8. Les élus locaux et les représentants de l'État ne parviennent pas à s'entendre pour prendre des mesures territoriales adaptées face à la deuxième vague.

les compétences, l'argent. Mais ils ne veulent pas porter les décisions difficiles. Il n'y a plus de goût pour les responsabilités. »

La situation sanitaire accentue la crise entre l'exécutif et les élus autant qu'elle accentue la pression sur un François Baroin mutique. Ses soutiens savent que le compagnon de Michèle Laroque tient à conserver une vie privée et qu'il n'est pas prêt à tout sacrifier pour l'Élysée. Il ne s'en est jamais caché : « Je sais qu'à la fin, lorsque je compterai les points pour ma retraite, je n'aurai pas raté ma vie si je ne suis pas président de la République », lâchait fin 2019 au micro d'Europe 1 l'ancien journaliste devenu avocat.

Comme le laissait présager cet aveu, il renoncera finalement à être candidat un an et demi avant le scrutin. Tout comme Gérard Larcher, qui avait pourtant laissé entendre qu'il « assumerait » si « les événements et les circonstances politiques le décidaient »[9]. Ces deux menaces levées, Emmanuel Macron a pu aborder plus sereinement le dialogue avec les collectivités. Le chef de l'État a mis à profit les discussions sur le plan de relance pour normaliser ses relations avec une partie de ses interlocuteurs. Il a également approfondi le chantier autour de sa fameuse loi « 3D », devenue

9. *Contre-pouvoir*, livre-entretien de Marion Mourgue, Paris, Éditions de L'Observatoire, 2019.

« 4D » – décentralisation, différenciation, déconcentration et décomplexification –, censée faire émerger une « nouvelle donne territoriale ».

Mais l'apparition de la deuxième vague, fin 2020, a fait voler en éclats cette fragile réconciliation. D'autant qu'à l'approche des régionales de 2021 d'autres grands élus ont pris le relais des maires et sont venus planter le dernier clou du cercueil. Ceux des Hauts-de-France, de l'Île-de-France et de l'Auvergne-Rhône-Alpes, régions où la droite compte ses présidentiables les plus sérieux, ont été les plus virulents. Forts d'administrer plus de 26 millions de Français à eux trois[10], Xavier Bertrand, Valérie Pécresse et Laurent Wauquiez ont fait de leurs fiefs des laboratoires pour le pays, affirmant qu'un succès aux élections régionales serait un marchepied vers l'Élysée. Bien aidés par le fiasco des masques, des tests puis des vaccins, ces trois anciens ministres sarkozystes ont profité des lacunes de l'État central pour mieux défendre leur capacité à tenir la barre. Un « populisme sanitaire », dira Stéphane Séjourné. Une « alternative crédible », répondront-ils.

10. Au 1er janvier 2020, l'INSEE recensait 12 278 200 habitants en Île-de-France, 8 032 400 en Auvergne-Rhône-Alpes, et 5 962 700 dans les Hauts-de-France.

16

Est-il arrogant ?

« La meilleure façon de se payer un costard, c'est de travailler. »

Macron, à Lunel, le 28 mai 2016

Il est à la fois son meilleur avocat et son pire ennemi. Le seul susceptible de se tirer d'affaire quand il est en difficulté. Et le seul capable de se tirer une balle dans le pied quand tout semble aller pour le mieux. Depuis son entrée en politique, Emmanuel Macron est un adepte des dents de scie. À la fois dans les sondages, où sa cote ne cesse de faire le yoyo, et dans l'opinion, qu'il provoque ou séduit. Avec le temps, cette stratégie est devenue sa marque de fabrique, la signature d'un homme qui n'a jamais pu se contenter de « gérer », mais qui a toujours eu besoin de se « challenger ». Quitte à se mettre dans le rouge. Comme si la simple idée de gouverner par temps calme l'ennuyait. Homme pressé, habitué à procéder « par effraction » – selon son expression –, il paraît dopé dans la tempête. Qu'elle soit politique, économique, sociale, sanitaire, sécuritaire, identitaire, ou même sémantique. Surtout au milieu d'une classe politique aseptisée, où la « novlangue » a pris le relais de la « langue de bois ». Où seuls les extrêmes osent un discours qui sort des clous, avec des mots et des slogans prétendument proches de ceux des « gens » : marque du « populisme ».

Le jeune ministre de l'Économie nommé à l'été 2014 ne s'en accommode pas et y oppose un « langage de vérité ». Le supposé « parler vrai ». Des mots cash, des phrases qui claquent... Et qui choquent. Il s'y emploie dès sa première interview, quinze jours seulement après son arrivée à Bercy. Le benjamin du gouvernement milite pour une réduction du coût – et du délai – d'obtention du permis de conduire. La cause est juste. Il en est persuadé. La preuve ? Dans une société comme l'abattoir Gad, où il y a une « majorité de femmes [...] qui sont, pour beaucoup, illettrées », la fermeture du site entraînerait une marginalisation automatique des salariés, faute de moyens financiers et culturels pour se reformer. Le constat qu'il dresse a beau être fidèle à la réalité – le taux d'illettrisme dans l'entreprise est deux fois supérieur au reste de la France –, ses propos suscitent une polémique. « [Il] devrait revenir un peu sur le terrain », fulmine aussitôt la secrétaire adjointe de l'antenne locale de Force ouvrière. Les politiques embrayent. Le procès en « déconnexion » s'engage. À droite comme à gauche, on ne tarde pas à réclamer sa démission. Après François Hollande, dont l'ex-compagne Valérie Trierweiler vient de révéler qu'il surnomme les pauvres les « sans-dents », c'est la goutte d'eau qui fait déborder le vase. Interpellé l'après-midi même, lors des questions au gouvernement, Emmanuel Macron présente ses « regrets » et ses « excuses les plus plates ». Il s'en veut d'avoir utilisé un terme « extrêmement blessant » – chose « inacceptable » pour un ministre – et se défend de tout « mépris ».

L'incendie est rapidement éteint, mais l'incident n'est pas clos. Le dérapage incontrôlé du matin vire progressivement à la sortie de route. Et range définitivement Emmanuel Macron dans la case du trentenaire arrogant, à qui tout a toujours réussi. La caricature manque de nuance, mais le jeune ministre s'en accommode. Plus il progresse dans la vie publique, plus il touche du doigt le décalage entre les Français et leurs élus. Sa liberté de ton ravit les premiers autant qu'elle agace les seconds. Alors il poursuit. Il trace sa route. Et ses équipes l'y encouragent. D'où la multiplication des interventions sur un registre percutant. François Hollande « n'aime pas les riches » ? Emmanuel Macron milite quant à lui pour que les jeunes « aient envie de devenir milliardaires ». Un gréviste, manifestant anti-loi travail, l'interpelle sur son look de nanti ? « La meilleure façon de se payer un costard, c'est de travailler », lui rétorque le ministre de l'Économie. Le leader d'En marche ! tient un meeting sur les terres lepénistes d'Hénin-Beaumont (Pas-de-Calais) ? Il ne peut s'empêcher de relever que « l'alcoolisme et le tabagisme se sont peu à peu installés dans le bassin minier ».

Chaque fois, un même déroulé s'ensuit. On lui reproche la forme ? Il répond sur le fond. Manière, espère-t-il, de faire passer la pilule auprès des uns – les « élites » – sans se dédire pour autant aux yeux des autres – le « peuple ». Bref, il joue sur tous les tableaux. Et cela fonctionne, du moins jusqu'à l'élection présidentielle. Car ce qui était apprécié dans la bouche du ministre et du candidat devient insultant dans celle du président. Conscient de cet écueil, il s'est muré dans un mutisme assourdissant au début du quinquennat. Mais son silence ayant été interprété, sondages à l'appui, comme la preuve de son absence, Emmanuel Macron a décidé de redescendre dans l'arène. Ainsi a-t-il profité d'une rencontre avec la communauté française de Bucarest, en marge d'une tournée en Europe orientale fin août 2017, pour se livrer à un commentaire sur la situation nationale – depuis l'étranger, ce qu'il s'était juré de ne pas faire. « La France n'est pas un pays réformable, les Françaises et les Français détestent les réformes. »

L'opposition s'enflamme aussitôt et l'accuse de ne pas aimer « [son] peuple », comme il le dit lui-même. En privé, Emmanuel Macron ne cache pas son étonnement. Car l'argumentaire n'a strictement rien de nouveau chez lui : il avait développé exactement la même pensée, presque mot pour mot, lors d'un meeting à Angers (Maine-et-Loire), en pleine campagne. Et ce dans l'indifférence la plus totale.

Preuve que le costume de leader d'En marche ! n'a rien de comparable avec celui de président de la République. Et qu'il implique une tout autre prise de hauteur. C'est pourquoi l'exposé de la société qu'il a livré à la Station F – le plus grand campus de start-up au monde –, où il a distingué les « gens qui réussissent » et les « gens qui ne sont rien », ne lui a pas été pardonné. Pas plus, d'ailleurs, que son bravache : « Je ne céderai rien, ni aux fainéants, ni aux cyniques, ni aux extrêmes », lancé à Athènes pour témoigner de l'ampleur de son ambition. Les exemples de ce type sont légion. Il y a la Corrèze, où il a invité les manifestants qui protestaient contre sa venue à chercher des « postes » plutôt que de « foutre le bordel ». Il y a le Danemark, où il a étrillé les « Gaulois réfractaires au changement ». Il y a les minima sociaux, dont il a considéré qu'ils étaient inefficaces contre la pauvreté, même s'ils coûtaient un « pognon de dingue ». Et puis il y a enfin les Journées du patrimoine, où il a proposé à un jeune horticulteur au chômage de « traverser la rue » pour retrouver du travail, quitte à changer de secteur d'activité.

Cette séquence a été la goutte de trop. Le pays s'est braqué – les Gilets jaunes apparaissent deux mois plus tard. Et Emmanuel Macron s'est forcé à changer, sans pour autant l'accepter. « Ce que je lui dis ce jour-là est vrai. Et je le dis sans une once de mépris ou d'agressivité. Mais ça a été retourné, décontextualisé. C'est ça que je trouve injuste ! Parce que si j'étais arrogant, je ne lui parlerais même pas[1]... », déplore le président, encore aujourd'hui. « Depuis, je n'ai plus voulu trop parler dans les foules. Le système est trop normé, il conduit à la caricature. L'incident n'est jamais loin. Or ce n'est pas ce que je cherche dans la relation avec nos concitoyens. Je préfère l'apaisement », poursuit-il. La prise de conscience est salutaire, mais tardive. De longs mois durant, des proches avaient pourtant tenté de lui faire comprendre que celui qui était censé représenter les Français dans leur ensemble ne pouvait les blesser, et encore moins les humilier. Le chef de l'État est d'abord resté sourd à leurs mises en garde, dans un entêtement qui constitue une forme d'arrogance.

1. Entretien d'Emmanuel Macron avec l'auteur, le 28 avril 2017.

Pour tenter de rectifier le tir à mi-mandat, le président a décidé de renouveler son « entourage », en se séparant de la bande à l'origine du raid victorieux de 2017. Le conseiller politique Stéphane Séjourné, l'éminence grise Ismaël Emelien, la plume Sylvain Fort, et même la patronne de la communication Sibeth Ndiaye ont été exfiltrés de l'Élysée les uns après les autres. Remplacés par des profils parfois moins politiques mais plus aguerris de la communication. Lesquels n'ont eu qu'un seul objectif : rendre à Emmanuel Macron le caractère empathique qui avait fait son succès jusqu'alors. La crise du coronavirus leur a de ce point de vue-là été d'une grande aide. D'abord parce que la guerre sanitaire a fourni au pays un ennemi commun à combattre et rendu au chef de l'État ses habits protecteurs de père de la nation. Mais aussi parce que, en limitant les interactions sociales, elle a réduit les risques de petites phrases dont le président était coutumier. Cela ne l'a toutefois pas empêché de tancer les « 66 millions de procureurs », début 2021, plutôt que d'admettre ses propres erreurs face à la deuxième vague. Preuve que le naturel finit toujours par revenir au galop. Et que casser le thermomètre pour un temps ne suffit parfois pas à guérir certains fléaux profondément ancrés. Si tant est que l'arrogance soit curable.

17

Est-il un caméléon ?

> « Quand j'ai assisté au premier Conseil des ministres du quinquennat, j'ai été bluffé. Il donnait le sentiment d'être déjà président depuis cinq ans : comme si ce siège avait toujours été le sien. »
>
> Christophe Castaner,
> ex-ministre de l'Intérieur

Le 14 mai 2017, au lendemain de son élection et au premier jour de son quinquennat, Emmanuel Macron se mue en chef de guerre, remontant les Champs-Élysées à l'avant d'un command-car. Le deuxième jour, il joue le standardiste à l'Élysée. Le troisième, il enfile des gants de boxe pour promouvoir les JO de Paris 2024. Le quatrième, il se fait hélitreuiller dans un sous-marin nucléaire avec l'uniforme de la Marine nationale. Le cinquième, il se déguise en pilote de chasse pour se rendre sur une base aérienne. Le sixième, il chausse des crampons et pose avec un maillot de l'Olympique de Marseille. Le septième jour, enfin, c'est presque comme s'il chômait : il se contente du costume-cravate de président de la République. Dans les semaines qui ont suivi son arrivée au pouvoir, Emmanuel Macron a changé d'accoutrement au point d'être accusé, lui, l'amateur de théâtre, de toujours chercher à se fondre dans les décors. D'être dans une posture d'acteur plus que de chef d'État. Tel un caméléon.

Tirant la leçon, il a vite renoué avec les codes de la fonction. Au moins en apparence. Car sur le fond, il continue de juger bonne sa méthode. N'a-t-il pas toujours fonctionné ainsi, de l'Inspection générale des finances au secrétariat général adjoint de l'Élysée, en passant par la banque Rothschild ? Il observe, absorbe et reproduit. S'il n'avait pas été le spectateur privilégié du naufrage de François Hollande, il n'aurait pas identifié les failles de l'exercice du pouvoir. Il n'aurait pas diagnostiqué l'insuffisance de la classe politique et proposé un remède.

Après avoir scruté la machine Élysée de l'intérieur, il a donc façonné son image depuis Bercy : d'abord celle d'un ministre iconoclaste, puis celle, moins évidente, d'un candidat « disruptif[1] ». Il a

1. Ce mot du vocabulaire de l'électricité, signifiant « qui éclate », a été ensuite utilisé pour désigner les start-up innovant dans leurs marchés respectifs en utilisant les outils numé-

dû se prêter pour cela à des exercices jusqu'ici inconnus, par exemple se retrouver seul sur scène face à plusieurs milliers de personnes. C'est chose faite avec le grand rassemblement de la Mutualité, le 12 juillet 2016, premier test grandeur nature. Face à un public de sympathisants et de militants gonflés à bloc, Emmanuel Macron doit occuper l'espace, maîtriser sa voix, gérer les silences et calibrer les messages. Loin d'être parfaite, la prestation est, d'après les commentateurs, globalement réussie. Le style est nettement plus dynamique que celui des autres candidats.

Musique à fond, prompteur transparent, écran géant, micro fixé à la veste : la scénographie vient tout droit des États-Unis. Elle est librement inspirée de Barack Obama. Mais aussi d'autres présidents américains moins évidents. Quelques jours avant le meeting, Emmanuel Macron s'était secrètement plongé dans des archives peu assumées par ses équipes, en particulier celles du républicain Ronald Reagan. Ancien animateur de radio et acteur de Hollywood, le gouverneur de Californie s'était fait remarquer sur la scène nationale grâce à un discours fondateur, prononcé le 27 octobre 1964. « L'enjeu de l'élection est de ne pas céder les vies des Américains à une petite élite de Washington »,

---

riques (Uber, Airbnb). Depuis quelques années, « disruptif » a été étendu à tous les domaines dans le sens de : « en rupture ».

avait-il lancé lors d'un meeting de soutien au candidat ultraconservateur Barry Goldwater. Cette saillie aux accents « antisystème » – qui lui a permis de se faire remarquer puis de se faire élire en 1980 – n'est pas sans annoncer la trajectoire empruntée par Emmanuel Macron.

Mais s'il n'hésite pas à aller puiser des recettes outre-Atlantique, le leader d'En marche ! ne néglige pas pour autant les modèles français. Au premier rang de ceux-ci, Nicolas Sarkozy, son énergie inépuisable et son engagement européen. Le président ne s'en est d'ailleurs pas caché, demandant à ses conseillers de reproduire, aux européennes de 2019, la campagne de son prédécesseur en 2009.

Malgré quelques échecs – La République en marche n'est pas parvenue à rééditer l'exploit de la droite dans les urnes[2] –, la plupart des imitations tentées par Emmanuel Macron ont été couronnées de succès. Telle une éponge, il semble partout chez lui, et chez lui partout. « Quand j'ai assisté au premier Conseil des ministres du quinquennat, j'ai été bluffé. Il donnait le sentiment d'être déjà président depuis cinq ans : comme si ce siège avait toujours été le sien[3] », se souvient l'ancien ministre Christophe Castaner.

---

2. L'UMP était arrivée en tête avec 27,9 % des suffrages exprimés, loin devant le PS (16,5 %) et EELV (16,3 %).

3. Entretien de Christophe Castaner avec l'auteur.

Un sentiment identique a prévalu lors de sa fameuse – et interminable – première poignée de main avec Donald Trump, en mai 2017 : une scène qui avait longuement été travaillée et répétée en petit comité. Au point que son souci du détail et sa plasticité sont interprétés comme du calcul, voire de la duplicité. Faux, récuse son ancienne plume Sylvain Fort, qui loue l'« intelligence de situation particulièrement aiguë[4] » du chef de l'État. « Il a une intelligence de l'empathie, et une empathie de l'intelligence », précise-t-il, balayant toute référence au « paradoxe du comédien[5] », « porteur d'un masque permanent et témoin de sa propre action ». Les deux hommes préfèrent citer le concept d'identité narrative, théorisé par le philosophe Paul Ricœur, dont Emmanuel Macron a été l'assistant.

Séducteur invétéré et insincère ? Le président connaît l'accusation. « J'aime écouter les gens, j'aime apprendre. Cela n'est ni feint ni artificiel, j'ai toujours été ainsi. De toute façon, il serait impossible de simuler longtemps[6] ! », plaide le chef

4. Entretien de Sylvain Fort avec l'auteur.

5. Référence au *Paradoxe sur le comédien* de Diderot : le meilleur acteur est, contrairement aux apparences, celui qui se défend d'engager sa propre sensibilité pour incarner un rôle.

6. Entretien d'Emmanuel Macron avec l'auteur, le 24 septembre 2020.

de l'État. Il n'empêche, il n'est pas à l'abri, à tout le moins, de quiproquos. Lorsqu'il reçoit les cent cinquante membres de la Convention climat[7], au début de l'été 2020, il le fait dans les jardins de l'Élysée. Il s'engage à reprendre la quasi-totalité de leurs cent quarante-neuf propositions. La photo finale est jolie et les invités sont enchantés, convaincus d'avoir été entendus. À l'époque, le moratoire sur la 5G, qu'ils appelaient de leurs vœux, ne faisait pas partie des trois seuls « jokers » que le président s'était octroyés. Pourtant, lorsqu'il reçoit les représentants de la French Tech quelques semaines plus tard, en septembre 2020, c'est un tout autre Emmanuel Macron qui apparaît à l'Élysée.

Troquant le cadre bucolique et verdoyant du mois de juin contre les dorures de la salle des fêtes, le chef de l'État se présente cette fois en costume – mais sans cravate. Devant un public acquis à sa cause, il étrille le « modèle amish[8] » – une expression qui lui est chère depuis 2016 –, défendu selon lui par tous ceux qui prétendent « relever la complexité des problèmes contemporains en revenant à la lampe à huile ». « Oui, la France va prendre le tournant de la 5G, parce que

7. Une structure citoyenne créée au lendemain du grand débat pour formuler des propositions en matière d'écologie.

8. Une communauté religieuse chrétienne, réputée ascétique, fondée en 1693.

c'est le tournant de l'innovation », tranche-t-il. Au risque de donner le sentiment de trahir sa parole et d'enterrer l'initiative citoyenne qu'il avait lancée. Bref, de calibrer ses discours en fonction de ses publics et d'adapter son ton à son auditoire. Sans que l'on sache jamais qui il est vraiment.

Cet épisode est révélateur. Car quel que soit le sujet, le chef de l'État recourt à la même tactique pour s'attirer les faveurs des foules. Selon l'analyse de ses discours, réalisée par *Paris Match*[9], il pose d'abord un constat, sur lequel l'ensemble des parties s'accordent en général. Ses idées sont d'ores et déjà arrêtées, mais il organise tout de même une consultation – la plus large possible. Lorsque vient le temps des conclusions, supposément issues de la concertation, elles sont présentées comme évidentes et consensuelles puisque débattues au préalable… Alors qu'elles étaient en réalité déjà arbitrées de longue date.

Durant la campagne, la constitution de son programme a suivi ce même cheminement : c'est tout le sens de sa « grande marche », lancée fin 2016 pour mettre sa candidature sur orbite. Car lorsqu'il a quitté le gouvernement pour se lancer dans la course à la présidentielle, Emmanuel Macron avait bien sûr une idée déjà bien précise de ce qu'il faudrait

9. Grâce au moteur de recherche « Le poids des mots » développé par l'hebdomadaire pour analyser les discours.

faire selon lui durant les cinq prochaines années. En privé, cela faisait d'ailleurs bien longtemps qu'il exposait à qui voulait l'entendre les grandes lignes de ce qui allait devenir son futur projet.

Le vaste porte-à-porte qu'il a organisé dans le pays lui a donc principalement permis de légitimer ce qu'il avait anticipé et de mieux maîtriser les éléments qui pourraient coincer. Rebelote, ensuite, avec le « grand débat national ». Organisé pour mettre fin à la révolte des Gilets jaunes, ce pèlerinage de trois mois dans les territoires ne lui a en fin de compte pas appris grand-chose. Si ce n'est confirmer un sentiment qui l'anime depuis longtemps déjà : il est sûr d'avoir eu raison depuis le début et d'avoir tout vu avant tout le monde. Quant aux revendications qui n'iraient pas dans son sens, il fait mine de s'y intéresser... pour mieux les écarter. « Trouvez-moi tous les gens qui ne sont pas d'accord avec nous. Je veux savoir ce qu'ils défendent, pourquoi ils le défendent et comment ils le défendent », demande-t-il souvent à ses équipes en réunion. Preuve que, lorsqu'il change de couleur, le caméléon cherche surtout à se protéger.

18

La fidélité est-elle son talon d'Achille ?

« Il faudra gouverner avec beaucoup de gens qui n'étaient pas là à la première heure... Et vous saurez me pardonner cela, parce que rassembler c'est élargir. Mais vous aurez toujours une place très particulière pour moi. Très particulière. »

Emmanuel Macron à son état-major de campagne, le 7 mai 2017

« Si j'étais un animal, je dirais que je serais un chien. » À peine esquissé devant des collégiens de Laval, en cette rentrée 2018, l'autoportrait chinois d'Emmanuel Macron comporte une erreur. S'il était un animal, il serait un loup. Alors que le premier se caractérise par sa fidélité à toute épreuve, le second, indomptable, a plutôt tendance à la jouer solitaire. Sûr de sa force, il ne s'autorise que quelques rares compagnonnages en meute, quand nécessité fait loi.

Le raid victorieux sur l'Élysée de 2017 n'échappe pas à cette règle. Le président a pour cela soigneusement sélectionné ses frères d'armes : un commando d'une quinzaine de lieutenants investis d'une mission spécifique. À Gérard Collomb et Richard Ferrand les territoires et les élus. À Christophe Castaner et Benjamin Griveaux l'intervention sur les plateaux. À Sibeth Ndiaye et Sylvain Fort la maîtrise de la communication. À Ismaël Emelien et Alexis Kohler les grandes orientations. À Jean-Marie Girier et Stéphane Séjourné la stratégie. À Alexandre Benalla et Ludovic Chaker le tout-venant. Triés sur le volet, les heureux élus devaient réussir le casse politique du siècle.

Les « marcheurs » – du nom qu'ils se sont eux-mêmes choisi[1] – ont déjoué les pronostics et les chausse-trappes, soudés par une confiance mutuelle et une coordination sans faille. Mais une fois la « conquête » achevée, la meute s'est peu à peu dispersée. Emmanuel Macron avait envisagé ce scénario dès le soir de sa victoire. « Il faudra gouverner avec beaucoup de gens qui n'étaient pas là à la première heure… Et vous saurez me pardonner cela, parce que rassembler c'est élargir. Mais vous aurez toujours

1. L'idée a été soufflée par Adrien Taquet, devenu secrétaire d'État à la Protection de l'enfance.

une place très particulière pour moi. Très particulière[2] », avait-il lancé à son état-major, le 7 mai 2017, à l'annonce de sa victoire à l'élection présidentielle.

En prononçant ces quelques mots, qui lui ont valu des applaudissements nourris, Emmanuel Macron n'imaginait pas à quel point ceux-ci seraient prophétiques. Pas plus qu'il ne mesurait la difficulté d'opérer cette mue, qui s'est faite malgré lui. Il faut dire que le premier accroc n'a pas tardé à arriver : l'affaire Benalla[3], qui serait demeurée un simple feuilleton d'été si le chef de l'État n'avait pas contribué à la transformer en « affaire d'État[4] ». Débordé par son attachement à ce garde du corps au parcours et au profil si atypiques, le président est apparu incapable d'agir avec la distance exigée par sa fonction. Plus on le sommait – légitimement – de licencier son collaborateur pour faute grave, plus il s'arc-boutait. À tel point que, sans le vouloir et sans s'en apercevoir, il a déplacé le débat sur le plan de l'affect, s'exposant aux rumeurs les plus crasses sur sa vie privée[5].

2. *Les Coulisses d'une victoire,* documentaire réalisé par Yann L'Hénoret.

3. *Le Monde* révèle en juillet 2018 une vidéo montrant ce collaborateur d'Emmanuel Macron en train de molester un manifestant lors des manifestations du 1er Mai.

4. Lire le chapitre « A-t-il aggravé l'affaire Benalla ? »

5. Emmanuel Macron a été contraint de préciser en juillet 2018 qu'Alexandre Benalla n'avait « jamais été [son] amant ».

À peine relevé de ce séisme – dont certaines enquêtes toujours en cours pourraient donner lieu à quelques répliques judiciaires avant la fin du quinquennat –, Emmanuel Macron s'est laissé embarquer dans une autre tempête, nommée Gérard Collomb. Fatigué par le rythme du ministère de l'Intérieur, miné par l'éloignement avec sa ville de Lyon, inquiet de la montée de la droite et des écologistes dans la métropole, fragilisé par des menaces de dissidence locales, le septuagénaire décide de quitter le gouvernement à la rentrée 2018. Un mois seulement après Nicolas Hulot, ministre de la Transition écologique et solidaire. Mais le président de la République refuse sa démission, révèle *Le Figaro* le 1er octobre 2018. Malgré son heure tardive, cette fuite fait l'effet d'une bombe dans le microcosme politique. Personne n'ignore la proximité quasi-filiale entre les deux hommes, ni l'importance du baron du Rhône au sein du dispositif macroniste[6]. Pourtant, le président pense avoir sauvé l'essentiel en retenant son numéro deux du gouvernement. Il s'en félicite d'ailleurs auprès du Premier ministre Édouard Philippe.

D'où la surprise – et la colère – du Havrais lorsque, le lendemain, alors qu'il répond au Sénat

---

6. Gérard Collomb a été le premier grand élu à soutenir publiquement Emmanuel Macron pour la présidentielle, dès le 18 mai 2016.

aux questions de l'opposition, l'écran de son smartphone s'éclaire : *Le Figaro* annonce une interview surprise de Gérard Collomb. Le titre laisse peu de doute : « Je maintiens ma proposition de démission. » Pris au dépourvu, le chef du gouvernement s'engage devant la représentation nationale à « prendre [ses] responsabilités ». Mais il apparaît sonné. Quant à Gérard Collomb, il est immédiatement harcelé de coups de fil et de SMS. Certains sont critiques, d'autres enthousiastes. Celui de sa femme, Caroline, témoigne en tout cas d'un certain soulagement : il se conclut par plusieurs émojis bouteilles de champagne.

La décision de son époux avait été mûrement réfléchie et préparée. Il s'était déjà épanché auprès de journalistes dans des conversations « off » – censées ne pas être divulguées – où il ne retenait plus ses coups contre Emmanuel Macron. À la fin du printemps 2018, au micro de RMC/BFMTV, il dénonçait ouvertement l'*hubris* – la « démesure », chez les Grecs anciens – dont souffrirait son futur ex-champion. Le président avait à l'époque cru bon de tourner en dérision cette saillie offensante. « Il faut toujours écouter nos concitoyens, le ministre de l'Intérieur a raison », avait-il souri, en marge d'un déplacement au Luxembourg.

Depuis 2017, nombreux sont ceux, à l'instar de Gérard Collomb et Alexandre Benalla, qu'Emmanuel Macron a cherché à préserver contre vents et marées. Quitte à se mettre en danger et à entamer son capital politique. Ainsi a-t-il cédé à Christophe Castaner, qui rêvait d'être nommé ministre de l'Intérieur, avant de l'aider à « s'exfiltrer » à la tête du groupe LREM. De la même manière, il a dégoté une place de porte-parole du gouvernement à Sibeth Ndiaye, après que la gestion de la communication élyséenne par cette dernière eut atteint un point de non-retour. Autre exemple : la nomination de François Bayrou au haut-commissariat au Plan, afin de le consoler de son départ forcé de la Chancellerie[7]. Ou encore son « soutien » amical à Richard Ferrand, choisi pour la présidence de l'Assemblée nationale et assuré de ne pas être lâché, quelles que soient les suites judiciaires de l'affaire des Mutuelles de Bretagne[8] – d'abord classée sans suite puis étonnamment relancée par une plainte d'Anticor fin 2017.

Toutes ces initiatives ont affaibli le président. L'opinion publique en a conclu à des passe-droits, tandis que l'opposition avait beau jeu de dénoncer l'« homme de clan » qui perçait sous l'homme du rassemblement autoproclamé. Et de railler une

7. François Bayrou a dû quitter le ministère de la Justice un mois après y être entré, en juillet 2017, pour avoir été cité dans l'affaire des assistants parlementaires MoDem.

8. Richard Ferrand est suspecté de favoritisme et de prise illégale d'intérêts dans un montage immobilier effectué lorsqu'il était à la tête des Mutuelles de Bretagne.

pensée prétendument « complexe » se résumant finalement à une vision binaire : d'un côté, ceux qui sont « avec » le président ; en face, tous ses adversaires.

À rebours de ces exemples, pourtant, Emmanuel Macron n'a pas hésité à couper les ponts. Au moins dans deux cas. La première fois, ce fut avec François Hollande, coupable à ses yeux de ne pas avoir assez d'ambition pour le pays. En démissionnant du ministère de l'Économie le 30 août 2016 et en créant son propre parti, il a empêché le chef de l'État sortant de se lancer dans la campagne présidentielle. La seconde fois, moins frontale et moins définitive, ce fut avec Benjamin Griveaux, dont il n'a pas supporté qu'il étale trop tôt son ambition pour les municipales à Paris. Et qu'il a donc puni en le reléguant à la dernière place dans l'ordre protocolaire du gouvernement, en 2017. Puis en refusant de soutenir clairement sa campagne, malgré la dissidence du mathématicien Cédric Villani.

La fidélité aveugle prêtée à Emmanuel Macron a donc pour seule limite ses propres intérêts. Mais la politique exercée à un tel niveau n'exige-t-elle pas une capacité d'indifférence, sinon une froideur ? « Il y a un fruit autour, mais il ne faut jamais oublier que le noyau c'est lui, et lui seul[9] »,

9. Entretien d'Alexandre Benalla avec l'auteur.

résume en expert Alexandre Benalla. À cette différence près que « s'il était un végétal », Emmanuel Macron ne serait pas un noyau, mais une graine. Qui, une fois plantée, grandit et prend tellement la lumière qu'elle finit par faire de l'ombre à ses propres racines.

19

Ne dort-il que cinq heures par nuit ?

> « La nuit, on voit des choses que le jour ne montre pas. »
>
> Emmanuel Macron à l'auteur

Un petit jeu amuse les macronistes. Pour y participer, il faut disposer du(es) bon(s) numéro(s) de téléphone d'Emmanuel Macron, d'un smartphone récent, et avoir la patience d'attendre la nuit noire. Ces critères réunis, il suffit de se plonger dans l'application « Telegram » de son téléphone et de guetter le petit point vert qui s'allume à côté du nom du chef de l'État lorsqu'il se connecte. La fréquence des clignotements s'accélère en général autour de minuit. Elle se poursuit parfois durant plusieurs heures, à un rythme soutenu. Puis elle s'interrompt et reste inactive jusqu'à l'aube. Ce « code morse 2.0 » permet de vérifier l'assertion des proches du président : oui, il ne dort que cinq heures par nuit.

Certes, lorsqu'il passe ses week-ends à la Lanterne avec son épouse, il lui arrive de repousser exceptionnellement le réveil à 8 h 30, voire 9 heures, contre 7 heures-7 h 30 habituellement. Mais où qu'il soit, et quel que soit le jour, il ne ferme jamais l'œil avant 2 heures du matin. Un « don », disent certains. Une « chance », rectifie l'intéressé. « Ça n'a pas commencé depuis que je suis à l'Élysée, ça a toujours été le cas ! C'est physiologique », sourit-il.

Il sait combien il fait souffrir tous ceux qui, autour de lui, collaborateurs et conseillers les plus proches, ne sont pas dotés de cette nature. La plupart des « marcheurs de la première heure », qui l'accompagnent depuis ses débuts à Bercy, ont quitté son cabinet à mi-mandat, en se réfugiant pudiquement derrière un prétendu « cycle naturel » plutôt que d'admettre leur usure. Ce qui pose d'ailleurs la question de l'efficacité de ce management par le burn-out.

Seul Alexis Kohler parvient à résister à cette cadence infernale depuis plus de sept ans. La journée type du secrétaire général de l'Élysée est rodée, et c'est tout juste si elle tient en vingt-quatre heures. Le soir, après dîner, il rejoint le bureau mitoyen de celui du président pour des réunions bilatérales informelles qui s'étendent jusqu'à minuit, voire au-delà. Il retourne ensuite à sa table de travail pour y passer une dernière heure avant de rentrer chez lui, tandis qu'Emmanuel Macron gagne au même moment la partie privée à l'étage du palais.

Une fois dans sa chambre, le chef de l'État dégaine discrètement ses deux iPhones, consultant tout ce que la technologie moderne compte de messageries virtuelles : SMS, emails, WhatsApp, Telegram, Signal… Il « traite » une par une les centaines de notes et de sollicitations quotidiennes. Il prend la peine de répondre quand il le juge nécessaire. Y compris, parfois, aux courriels d'anonymes reçus sur sa fameuse adresse « emmanuelmacron3@ gmail.com », restée active. Quant à ses proches, ses retours prennent le plus souvent la forme de questions en rafales. Si son interlocuteur est en ligne, la discussion peut alors s'engager durant de longues minutes et dévier sur dix autres sujets bien plus légers que l'objet initial. Mais si le président n'est pas convaincu par les premiers échanges, il n'hésite pas à passer un coup de fil pour exiger plus de précisions. Certains ministres avouent s'être fait « recadrer » par un président de la République contraint de chuchoter pour ne pas réveiller la première dame.

Dès qu'il en a terminé avec ses écrans, Emmanuel Macron s'empresse de piocher un dernier objet sur sa table de chevet : un livre, des livres. Une vieille habitude, contractée chez sa grand-mère, Germaine Noguès, dite « Manette ». Dans sa jeunesse, il a débuté par le théâtre, puis les grands romans.

Ensuite, c'est dans la bibliothèque de son père, Jean-Michel Macron, qu'il s'est ouvert à la philosophie et à la sociologie, les deux disciplines auxquelles il s'abreuve le plus aujourd'hui. Pour se distraire, tout en travaillant. « La nuit, on voit des choses que le jour ne montre pas[1] », explique-t-il. « Quand le temps est plus calme, les réflexions sont plus profondes. »

Emmanuel Macron prend-il ses grandes décisions au clair de lune ? Il préfère éluder la question. « Savoir si je prépare mes vœux de jour, de nuit [...] n'a aucun intérêt, et je crois pouvoir vous dire que ça n'est même pas une question que se posent les Français », avait-il tranché lors d'une rencontre avec la presse, début janvier 2018. Une manière de couper court aux rumeurs et aux fantasmes qui commençaient à fleurir sur ce président noctambule qui, tel le loup-garou, mènerait une deuxième vie une fois la nuit tombée.

Quoi qu'il en dise, le président de la République a peine à concevoir que ses troupes puissent ne pas avoir le même rythme circadien. C'était déjà le cas lorsqu'il était candidat, en 2017. Il se disait « en colère » que son QG de campagne ne soit « pas plein » vingt-quatre heures sur vingt-quatre et sept jours sur sept. Surtout à deux semaines du premier tour. « On peut être fatigué, etc. Mais [...] il

1. Entretien d'Emmanuel Macron avec l'auteur, le 24 septembre 2020.

faut que les gens comprennent qu'ils peuvent dormir et manger, mais le reste du temps ils ne font que ça[2] », avait-il mis en garde lors d'un déjeuner d'équipe, deux semaines avant le premier tour.

Le problème, c'est qu'il n'a même pas laissé ses lieutenants « manger » ou « dormir ». L'ancienne patronne de la communication et ex-porte-parole du gouvernement, Sibeth Ndiaye, se souvient qu'il imposait quotidiennement soit la salade César de sa brasserie favorite – La Rotonde –, soit des sushis du restaurant japonais voisin du siège d'En marche ! Quant à Jean-Marc Borello, le patron du groupe SOS, il se souvient de sa culpabilité, souvent ressentie au petit matin, de ne pas avoir donné de réponses aux questions posées quelques heures plus tôt par Emmanuel Macron. Lequel s'était couché après lui, et réveillé avant lui.

« Nous, on le payait en espérance de vie[3] », résume Ismaël Emelien, ex-éminence grise élyséenne, démissionnaire au premier trimestre 2019. Comme lui, plusieurs membres du gouvernement sont convaincus que leur bail au sein de l'exécutif leur a coûté un peu de leur santé. Parce qu'aux agendas ministériels déjà surchargés est venue s'ajouter la pression permanente et continue d'un chef de l'État hyperactif.

---

2. *Les Coulisses d'une victoire,* documentaire réalisé par Yann L'Hénoret.

3. Entretien d'Ismaël Emelien avec l'auteur.

À peine nommé à la Transition écologique et solidaire, en septembre 2018, François de Rugy a été traumatisé par son premier marathon présidentiel. Appelé au gouvernement au débotté, pour pallier le départ surprise de Nicolas Hulot, l'élu de Loire-Atlantique n'a pas eu le temps de poser ses valises à l'hôtel de Roquelaure qu'il a tout de suite été envoyé à New York pour assister à la remise du prix « Champion de la Terre » par les Nations unies à Emmanuel Macron. Après la cérémonie, les deux hommes ont décollé, avec une vaste délégation, pour un périple de quatre jours dans les quatre îles des Antilles françaises. Déjà exténué par le décalage horaire et la perspective du programme ultramarin, le Nantais a imaginé qu'il pourrait profiter du vol pour « roupiller un peu dans l'avion ». « Tu parles ! L'aide de camp est venu [...] nous annoncer que le président souhaitait dîner avec nous[4] », raconte-t-il. Rebelote le lendemain soir, quand le président fait savoir aux ministres qu'il souhaite « débriefer » la journée autour d'un rhum local. « Personne n'osait lui avouer sa fatigue, alors j'ai fini par le faire », se remémore François de Rugy, qui a demandé à rentrer à Paris avant la fin du voyage officiel. Lors du vol de retour, Emmanuel Macron n'a laissé aucun répit aux autres ministres, enchaînant les

4. Entretien de François de Rugy avec l'auteur.

entretiens et les tête-à-tête dans la salle de réunion ou le bureau installés à l'avant de son Airbus. « C'est toujours comme ça. Tout le monde fait un roulement pour dormir, et le seul qui ne dort pas, c'est lui[5] », sourit le secrétaire d'État Gabriel Attal.

5. Entretien de Gabriel Attal avec l'auteur.

20

A-t-il déjà connu l'échec ?

« Le cœur et la raison sont incompatibles. »

Emmanuel Macron à *L'Obs* (2017)

Pas un portrait ne manque de le rappeler, comme si c'était son seul et unique revers. À deux reprises, lorsqu'il avait à peine vingt ans, Emmanuel Macron s'est vu refuser l'entrée à l'École normale supérieure (ENS). Lui, le lauréat du concours général de français et le titulaire d'un bac S mention « très bien » ; le jeune homme si brillant, promis à Sciences Po, à l'ENA et aux diplômes de philosophie ; celui que les enseignants de la prestigieuse « prépa » littéraire d'Henri-IV décrivaient comme un prodige… Il s'est retrouvé réduit au plus terrible des anonymats statistiques : les « 95 % d'étudiants qui ratent le concours chaque année ». « La vérité est que je ne jouais pas le jeu. J'étais trop amoureux pour préparer sérieusement […]. Le cœur et la raison sont incompatibles », a-t-il feint de relativiser vingt ans plus tard dans une interview à *L'Obs*, début 2017.

Même s'il se rassure en se disant qu'il « n'était pas fait pour ça », cet événement a laissé des traces. Il ne l'a pas « traumatisé », mais il a provoqué un « grand moment de vertige », dont il ne parle à personne. Aujourd'hui encore, son témoin de mariage Marc Ferracci en est d'ailleurs réduit à tenter de déchiffrer les messages codés qu'il lui a adressés il y a deux décennies. Quand les deux jeunes hommes avaient « bûché » jour et nuit pour intégrer l'École nationale d'administration (ENA). Et que seul Emmanuel Macron avait été reçu. Comme rongé par une sorte de culpabilité, il lui avait alors offert une jolie édition des *Feuillets d'Hypnos*, de René Char. Avec une dédicace équivoque tirée du livre : « Ne t'attarde pas à l'ornière des résultats… » « Il y avait sans doute dans cette phrase une prise de distance sur sa propre expérience[1] », suggère Marc Ferracci.

De fait, son fidèle acolyte Emmanuel Macron a non seulement su se relever, mais carrément rebondir. Il a trouvé les ressources pour renouer avec son incroyable confiance en lui. Celle qui l'animait déjà au lycée lorsque, avant que ses parents ne l'obligent à quitter Amiens pour Paris, il promettait à sa professeure de théâtre – une certaine Brigitte

1. Entretien de Marc Ferracci avec l'auteur.

Auzière – qu'il finirait par l'épouser. « Tous les lycéens en ont rêvé. Lui il l'a fait. C'est toute la différence[2] », relève le patron des députés LREM et ex-ministre de l'Intérieur Christophe Castaner.

De l'avis de nombreux macronistes, cet épisode est à la fois révélateur et fondateur du destin de leur champion. Il est venu confirmer une conviction déjà ancrée chez lui, une sorte de mantra : rien n'est impossible, à condition de le vouloir. Cet état d'esprit a guidé la plupart de ses choix, notamment celui de tenter le pari fou de 2017 : se lancer seul dans la présidentielle, à moins de quarante ans, sans troupes ni parti. Et sans expérience électorale.

Cette première historique résume la force et la faiblesse d'Emmanuel Macron. Trop sûr de pouvoir faire mentir n'importe quelle statistique, il a cru bon de bâtir son programme présidentiel et son identité politique à la lumière de cette certitude. Il a imaginé que ce qui avait valu pour lui finirait par valoir pour ses concitoyens. Au risque de créer parfois de solides mésententes. Le théoricien du « droit à l'erreur[3] » l'admet autant qu'il le déplore.

---

2. Entretien de Christophe Castaner avec l'auteur.

3. Un droit à la régularisation – spontanée ou après contrôle – des documents administratifs en cas d'erreur commise de bonne foi.

Évoquant par exemple l'« incompréhension » et les caricatures « honteuses » suscitées par sa « métaphore du premier de cordée », il tente de comprendre pourquoi cela a coincé. « L'égalité des chances est une bataille que je n'ai pas encore gagnée, [alors que] c'est pour moi un des combats les plus décisifs[4] », dit-il. « S'il n'y a pas quelqu'un [...] en bas, à vous réassurer, vous tombez, répète-t-il. [...] C'est une image très forte, car vous avez besoin de ceux qu'on ne voit pas forcément et qui n'ouvrent pas la voie. Si eux ne montent pas, vous ne pouvez pas monter très haut non plus. » « Je continue à penser que notre rapport au succès reste traumatique », tranche-t-il enfin. Manière de prévenir que non, il ne renoncera pas à tenter de faire bouger les lignes dans le pays.

Appliquée au pied de la lettre à la rentrée 2018, cette doctrine l'a précipité, en quinze petits jours à peine, tout droit vers le revers le plus violent de sa jeune carrière. Des « Gaulois réfractaires » aux réformes, qu'il dénonçait fin août, au jeune chômeur à qui il a intimé de « traverser la rue » pour trouver du travail deux semaines plus tard, Emmanuel Macron a réussi l'exploit de saborder les dix-huit premiers mois de son mandat. Alimentant alors, sans même s'en apercevoir, le terreau

4. Entretien d'Emmanuel Macron avec l'auteur, le 24 septembre 2020.

sur lequel les Gilets jaunes allaient prospérer mi-novembre. « Cette crise a été le premier coup de tonnerre dans son ascension. Ça l'a profondément marqué. Ça l'a touché très intimement[5] », témoigne David Amiel, concepteur du programme économique d'En marche ! et ancien conseiller élyséen.

Jusque-là, le parcours public d'Emmanuel Macron s'était déroulé sans heurts. Comme s'il obéissait à un plan minutieusement élaboré de longue date. « Depuis le début, nous fonctionnons par paliers. Chaque fois que nous atteignons un objectif, nous passons à l'étape suivante. Pas de précipitation : cela va se poursuivre jusqu'en 2017, et tout le monde connaît le terminus... Ce sera l'Élysée », se plaisait à répéter Richard Ferrand en 2016, lorsqu'il était secrétaire général d'En marche ! À l'époque, la campagne n'avait pas débuté et le ministre démissionnaire n'avait pas déclaré sa candidature. Mais il avait déjà écrit son destin et tracé son avenir. Sans réaliser que ne prévoir aucun faux pas en constituait déjà un premier.

Car même les « bulldozers » les plus aguerris en politique exhibent des cicatrices. Pour justifier son retour dans l'arène, entre 2014 et 2016, Nicolas Sarkozy avait coutume de citer Nelson

5. Entretien de David Amiel avec l'auteur.

Mandela : « Je ne perds jamais : soit je gagne, soit j'apprends. » Sans reprendre la formule à son compte, Emmanuel Macron l'approuve. « Oui, il y a des tas de choses dans lesquelles j'ai échoué. [...] Les épreuves apprennent plus. » Bien qu'il ne le verbalise pas formellement, le président évoque à demi-mot le principal échec de sa vie : sa relation conflictuelle à ses parents, Jean-Michel Macron et Françoise Noguès, qui n'ont jamais accepté sa relation avec Brigitte. « Les combats que j'ai eu à mener sur le plan intime m'ont plus appris que les succès », glisse pudiquement Emmanuel Macron. Cette rupture ronge en lui l'ex-enfant et l'insatiable séducteur. Au point que ce sujet est l'un des rares interdits en Macronie. « Les échecs les plus profonds ne sont heureusement pas toujours les plus visibles[6] », esquive sobrement le président de l'Assemblée nationale, Richard Ferrand.

Une anecdote illustre d'ailleurs – à moins qu'elle n'explique – ce silence. Le 14 mai 2017, jour de l'investiture d'Emmanuel Macron, dans la salle des fêtes de l'Élysée, l'un de ses compagnons de route accoste celui qu'il reconnaît comme étant le père du président fraîchement élu. Un homme de petite taille, vêtu d'un costume sombre et d'un nœud papillon. Il le félicite, puis

6. Entretien de Richard Ferrand avec l'auteur.

tente d'engager une discussion. Les yeux vissés sur sa montre, l'homme au visage fermé affiche un rictus pour seule réponse, puis demande si la cérémonie dure longtemps. Il tirera sa révérence avant la fin.

21

A-t-il des amis ?

> « Si vous mettez dans le terme “ennemi” les gens qui ne m’aiment pas, ou qui me détestent… Je crains d’en compter un certain nombre et de voir celui-ci s’amplifier au fur et à mesure du mandat… »
>
> Emmanuel Macron

La galaxie macroniste obéit à certaines règles cosmologiques bien particulières. Dans cet univers-là, c’est le soleil qui occupe une position centrale, autour duquel gravitent des objets célestes, minuscules ou imposants, proches ou éloignés : satellites, astéroïdes, comètes, poussières… Mais les « planètes confirmées » se comptent sur les doigts de la main. Comme les amis. Surtout pour un président de la République. « Il faut être lucide, on a les amis qu’on avait avant [d’être chef de l’État], reconnait Emmanuel Macron. [La politique], ce n’est pas des moments où on [s’en] fait. En tout cas

[pas] de manière sincère. Ce qui va avec l'amitié, c'est-à-dire le désintéressement, [...] est faussé par la fonction[1] », tranche-t-il. Depuis son élection, en 2017, personne n'a donc eu la chance d'intégrer le cénacle de ses amis, réservé à quelques privilégiés. Y compris ceux qui ont participé à l'aventure En marche ! ou qui ont permis son ascension depuis Bercy.

Après avoir cru bon d'assumer la « dimension amoureuse » de sa relation avec son champion, même l'ancien ministre Christophe Castaner est dorénavant plus réservé : « Je ne me considère pas comme son ami. Il est président de la République[2]... » Au total, ils sont quelques-uns à avoir été des « entourages », parfois des « proches », plus rarement des « intimes » : le président de l'Assemblée nationale Richard Ferrand, l'ex-maire de Lyon Gérard Collomb, l'éphémère candidat à la mairie de Paris Benjamin Griveaux, l'ancienne porte-parole Sibeth Ndiaye... Mais jamais des « amis ». Ceux-là sont rares. L'énigmatique financier communiste Robert Piumati en faisait partie. Son existence est restée secrète jusqu'à la publication d'un article du *Monde*, en 2019. Leur première rencontre a lieu au début des années 2000 ; ils

1. Entretien d'Emmanuel Macron avec l'auteur, le 24 septembre 2020.

2. Entretien de Christophe Castaner avec l'auteur.

ont près de quarante ans d'écart. Ce qui ne les empêche pas de nouer une amitié solide. Bien au contraire. Habitué à grandir avec sa grand-mère, tombé amoureux de sa professeure de théâtre, le natif d'Amiens s'est toujours senti plus à l'aise avec ses aînés.

Le millionnaire socialiste Henry Hermand, qui deviendra très vite l'un de ses deux meilleurs amis, a lui aussi l'âge de la retraite lorsqu'il croise le chemin de son futur protégé. Patron de presse et pionnier de la grande distribution, ce mécène rocardien lui apportera un précieux soutien financier et politique. Au point de l'aider à payer son premier appartement parisien, ainsi que son mariage, dont il fut témoin. Le jour de la cérémonie était aussi présent Marc Ferracci, l'autre meilleur ami et l'autre témoin d'Emmanuel Macron. Un faux jumeau, né deux jours avant le chef de l'État, en décembre 1977.

Ensemble, les deux hommes découvrent la vie de jeune adulte. Des révisions de Sciences Po à celles de l'ENA ; des troquets du Quartier latin aux roquets de la politique… Ils partagent toutes les expériences. D'abord les succès, bien sûr. Comme lorsqu'ils brillent à l'Institut d'études politiques de la rue Saint-Guillaume, où ils forment un inséparable trio avec Aurélien Lechevallier – lequel deviendra plus tard conseiller diplomatique adjoint à l'Élysée entre 2017 et 2019. Mais ils partagent aussi des moments plus difficiles, quand Emmanuel Macron est seul reçu à l'École nationale d'administration, tandis que le chemin de Marc Ferracci est dévié en direction d'HEC, puis de l'agrégation d'économie.

À l'ENA, sur le campus strasbourgeois du prestigieux établissement pour hauts fonctionnaires en devenir, au sein de la promotion « Senghor », Emmanuel Macron retrouve son vieil ami Aurélien Lechevallier. Leur duo devient très vite une petite bande, à laquelle se greffent cinq autres jeunes gens dont les chemins ne cesseront de se croiser. Il y a Gaspard Gantzer, le futur conseiller en communication de François Hollande, qui sera aux premières loges pour assister à l'ascension d'Emmanuel Macron entre 2014 et 2016. Puis Mathias Vicherat, porte-parole de la SNCF en 2018, au moment de la plus longue grève de l'histoire du groupe pour protester contre la réforme ferroviaire. Ou encore Sébastien Jallet, directeur de cabinet de Marlène Schiappa à Beauvau en 2020. Et enfin Frédéric Mauger et Aymeric Ducrocq, qui ont respectivement rejoint le Crédit municipal et EDF.

Quand ils n'ont pas le nez plongé dans leurs livres, ils jouent au football, boivent des bières et enchaînent les soirées karaoké. Tout ce qu'il y a de plus normal à cet âge-là. À un détail près : il n'est presque jamais question de la vie privée d'Emmanuel Macron. Le mystérieux Amiénois attendra la fin de leur formation et le mariage d'Aurélien Lechevallier, en 2004, pour présenter Brigitte à ses amis. Trois ans plus tard, quand vient son tour de passer devant le maire, ce « couple pas tout à fait normal », selon leurs mots, remercie les proches présents au Touquet. « Chacune et chacun d'entre vous [...] avez fait ce que nous sommes aujourd'hui[3] », glisse timidement l'inspecteur général des finances lors d'un toast.

Cet événement marque un point de bascule pour Emmanuel Macron. Plus il progresse dans le *cursus honorum* de la République, moins il conserve de place pour sa vie personnelle. Son agenda de secrétaire général adjoint de l'Élysée, dès 2012, ne lui laisse que très peu de moments calmes, qu'il préserve pour se retrouver à deux, avec son épouse. Ses amitiés ne faiblissent pas, mais les preuves d'amitié se raréfient. Certes, il n'oublie jamais d'envoyer un SMS pour souhaiter l'anniversaire de ceux qui comptent, mais les soirées entre couples disparaissent. Même avec ses meilleurs amis Marc et Sophie Ferracci, dont le dernier dîner à quatre remonte à près de dix ans. C'était à la brasserie parisienne du Dôme, en 2012, pour fêter la victoire de François Hollande. Depuis, les seuls repas partagés se sont déroulés au QG d'En marche !, durant la campagne présidentielle. Marc Ferracci

3. *Macron, la stratégie du météore*, documentaire réalisé par Pierre Hurel.

était conseiller économique du candidat et Sophie Ferracci sa cheffe de cabinet. Deux personnes de confiance absolue, entièrement dévouées, à qui il est arrivé de ne pas fermer l'œil entre le dîner et le petit déjeuner tant ils se sont impliqués dans l'aventure. Élu, Emmanuel Macron n'a pourtant pas souhaité les recruter à l'Élysée. Afin de mieux préserver leur amitié ? Les intéressés ne se sont pas posé la question. Et ils ne la lui ont pas posée non plus. « J'ai fait mien le principe de la parole rare, pour qu'elle reste efficace[4] », esquive pudiquement Marc Ferracci, qui a rejoint Matignon en septembre 2020 pour y assurer le suivi du plan de relance, après avoir supervisé la réforme du Code du travail aux côtés de l'ex-ministre Muriel Pénicaud.

Non content d'avoir peu d'amis, le président de la République s'est en revanche fait beaucoup d'ennemis en un temps record. Du mannequin pendu par des manifestants dans une rue de Nantes en 2018 aux portraits brûlés par des islamistes dans le monde arabo-musulman en 2020, il a concentré sur sa personne une hostilité plus viscérale encore que Nicolas Sarkozy, déjà fort clivant. Suscitant une colère et une détestation rarement atteintes, en France et à l'étranger. Au point que cette situation l'a parfois déstabilisé. Lorsque des personnalités

4. Entretien de Marc Ferracci avec l'auteur.

influentes du microcosme parisien – on avance, sans preuves, les noms du banquier Philippe Villin, de l'homme d'affaires Alexandre Djouhri ou du grand patron Henri Proglio – ont fait courir des rumeurs tenaces sur son homosexualité supposée, il a accusé le coup. Séducteur habitué à plaire, il ne s'était attiré que très peu d'inimitiés dans ses vies d'avant. Désormais, il ne les compte plus. « Si vous mettez dans le terme "ennemi" les gens qui ne m'aiment pas, ou qui me détestent… Je crains d'en avoir un certain nombre, ironise-t-il aujourd'hui, et de voir celui-ci s'amplifier au fur et à mesure du mandat… »

22

Est-il un fan de l'OM ?

« Si je devais me lancer en politique, ce serait pour prendre la mairie de Marseille. »

Emmanuel Macron

C'est le paradoxe de l'œuf et de la poule revisité. Entre l'OM et Marseille, Emmanuel Macron ne sait pas si c'est le club qui lui a fait aimer la ville, ou l'inverse. Ce qu'il est prêt à jurer, c'est que la cité phocéenne a toujours coulé dans ses veines. « C'est ma génération… », justifie-t-il. Adolescent, il se souvient avoir vibré devant la « cavalcade formidable » des hommes de Bernard Tapie. Il n'avait que quinze ans, mais le sacre européen du 26 mai 1993 reste l'une des plus belles soirées de sa vie. Abedi Pelé tirant un corner juste avant la mi-temps, repris d'une tête rageuse par un Basile Boli surpuissant ; Fabien Barthez résistant miraculeusement aux assauts répétés du grand Milan AC sur ses buts… Et puis, au terme de quatre-vingt-dix minutes, qui en parurent 1 000 de plus, Didier Deschamps soulevant la célèbre coupe aux grandes oreilles. Le tout sublimé par les commentaires du duo historique formé par Jean-Michel Larqué et le regretté Thierry Rolland.

La passion du chef de l'État n'a pas faibli d'un iota. « J'ai toujours été fidèle à cette équipe. Je suis un type fidèle[1] », s'amuse-t-il. Car il sait que l'ancienneté et l'authenticité de ce lien sont contestées, surtout depuis la diffusion d'un documentaire filmant sa campagne présidentielle de l'intérieur[2]. On y voit le candidat déplorer une humiliation de l'OM face à Monaco d'une manière si caricaturale qu'elle paraît feinte. Ses amis jurent, au contraire, que sa ferveur a toujours été intacte. Thomas Cazenave, qui l'a rencontré à l'Inspection générale des finances dès 2007 – bien avant de rejoindre son cabinet à Bercy –, le revoit jouant au football sur les plages de Deauville lors d'un séminaire, toujours vêtu de… sa tunique bleu ciel et blanc préférée.

Pas très à l'aise sur un terrain, Emmanuel Macron n'en demeure pas moins un fan absolu du ballon rond. Y compris dans les « moments de doute » de

1. Entretien d'Emmanuel Macron avec l'auteur, le 24 septembre 2020.

2. *Les Coulisses d'une victoire*, documentaire réalisé par Yann L'Hénoret.

son « club de cœur », à répétition depuis le début des années 2010. Un huissier de Bercy, Akli L., supporter revendiqué du PSG jusqu'à sa coque de téléphone ornée d'un « Je suis Paris », ne manquait jamais de railler le ministre de l'Économie après chaque défaite phocéenne. Le fonctionnaire était allé jusqu'à placarder la une de *L'Équipe* au milieu de la rotonde du ministère après un *Clásico*[3] remporté par le club de la capitale. Aujourd'hui, les deux hommes continuent de s'adresser des SMS persifleurs pour commenter des matchs.

Des anecdotes comme celle-là, Emmanuel Macron en compte des dizaines. Sa réputation le précède jusqu'en Argentine. En témoigne son échange dans une église de Buenos Aires avec son homologue Mauricio Macri, qui dirigea le club de Boca Juniors avant de prendre les rênes du pays. « J'étais bien plus populaire à l'époque », a ironiquement glissé l'Argentin fin 2018, suggérant à son homologue de l'imiter, en sens inverse : diriger un club après l'Élysée. « Pourquoi pas, dans une autre vie ? », s'est esclaffé le Français, qui se contente pour l'instant d'adapter sa garde-robe sportive. Fin 2020, le gardien de but et ancien olympien Pascal Olmeta offre au président de la République son maillot, porté le 29 mai 1991 en

3. Un terme importé d'Amérique latine pour qualifier les « derby », en l'occurrence celui opposant Paris à Marseille.

Coupe d'Europe, soir de la finale perdue contre l'Étoile rouge de Belgrade. Touché par ce geste, le chef de l'État lui promet de l'offrir en retour à son fils Lisandru, actuel gardien amateur de l'AS Monaco, le jour où le jeune joueur remportera son premier trophée en professionnel. Plus tôt dans le quinquennat, Emmanuel Macron avait reçu un autre cadeau particulier, de la part de son épouse cette fois, pour son anniversaire. La première dame Brigitte Macron lui avait commandé un costume chez son tailleur historique, Jonas & Cie, dont la doublure de la veste, floquée des couleurs et du logo de l'OM, était entièrement dédicacée par les joueurs du club. Le chef de l'État ne l'a jamais portée, mais il la conserve précieusement, au milieu des nombreuses photos et autres maillots aux couleurs du club.

Des souvenirs marseillais, il en rapporte chaque fois qu'il s'y rend. Et il y va souvent. « Dès qu'[il] peu[t]. » C'est pourquoi il n'a pas apprécié qu'en 2016 les caciques socialistes l'empêchent à deux reprises de venir. La première fois pour l'annonce de la création de son parti En marche !, la seconde, pour le lancement de sa « grande marche ». Certes, il avait entre-temps remis les pieds dans la cité phocéenne, pendant la campagne présidentielle, pour un grand meeting aux allures de vengeance. Il avait d'ailleurs lancé à la tribune du parc Chanot : « Comme on dit ici, on craint dégun. » C'est-à-dire :

« personne ». S'il avait bien prononcé l'expression, soufflée par l'un des auteurs de Nicolas Canteloup, c'était grâce à un conseil du comédien Kad Merad, présent dans l'avion qui l'avait amené jusqu'ici, et qui avait corrigé sa prononciation.

À l'été 2017, pour ses premières vacances présidentielles, le couple décide d'une nouvelle visite à Marseille. Le 15 août, le chef de l'État est invité avec son équipe de sécurité à la Commanderie pour assister à un entraînement des joueurs marseillais et disputer un petit match amical. « Il était comme un enfant... Il était heureux[4] », témoigne Alexandre Benalla, à l'époque chargé d'organiser l'agenda privé d'Emmanuel Macron. Le chef de l'État en profite pour parler longuement avec le président du club, Jacques-Henri Eyraud. L'homme d'affaires saisit l'occasion pour glisser qu'il n'exclut pas de s'engager en politique, lui aussi. Pourquoi pas sous les couleurs de La République en marche ? Dès les municipales de 2020 ? Cette candidature n'a jamais vu le jour, mais les discussions entre les deux hommes n'ont jamais cessé.

Ce qu'ignorait sans doute son interlocuteur, c'est qu'Emmanuel Macron, lorsqu'il était ministre de l'Économie, avait déclaré à plusieurs proches : « Si je devais me lancer en politique, ce serait

4. Entretien d'Alexandre Benalla avec l'auteur.

pour prendre la mairie de Marseille. » Devant l'incrédulité systématique de ses interlocuteurs, il se lançait dans une véritable ode à la deuxième ville de France. « Je suis amoureux de Marseille parce que j'aime les villes tragiques méditerranéennes, confie-t-il aujourd'hui. Parce que tout y est à la fois complexe et possible. Parce qu'il y règne une générosité folle… » « Mes deux villes préférées sont Naples et Marseille », ajoute-t-il. Revendiquer son inclination pour ces villes populaires, n'est-ce pas aussi tenter de rompre avec l'image de « président des riches » ? Pas seulement.

« Dans les quinze ans qui viennent, Marseille doit devenir la capitale de la Méditerranée », insiste-t-il. Pour l'heure, les espoirs de changement placés dans les municipales de 2020 ont tous été déçus. Renoncement du « grognard » Christophe Castaner à conduire la liste LREM. Déroute de la candidate de droite Martine Vassal. Démission surprise de la nouvelle maire verte Michèle Rubirola six mois à peine après son élection…

À Marseille, les dossiers sont pourtant nombreux et urgents : écoles délabrées, insalubrité des rues, dégradation de l'hôpital public, manque de moyens de la police municipale, chômage et pauvreté en hausse, transports à l'arrêt, gouffre des finances publiques. La deuxième ville de France n'en a malheureusement pas le rang, mais le chef de l'État refuse cette fatalité. Pour l'heure, il joue la carte internationale : présence, en juin 2019, au Sommet des deux rives de la Méditerranée et, en septembre 2021, au Congrès mondial de la nature. Sans oublier l'accueil réservé à Angela Merkel, en septembre 2018, dans le somptueux palais du Pharo pour une simple réunion de travail sans ordre du jour particulier. « Elle a beaucoup aimé », assure Emmanuel Macron. Le président et la chancelière allemande avaient ensuite dîné en bord de mer, au Petit Nice, le restaurant triplement étoilé du chef Passedat. Ensuite, le chef de l'État s'était lancé dans une longue déambulation nocturne sur le Vieux-Port. Comme au plus fort de la campagne, des centaines de personnes s'étaient massées autour de lui, pour décrocher un selfie, un sourire ou une poignée de main. Quelle plus belle victoire pour ce natif d'Amiens, que l'on décrit comme trop parisien, que d'être accueilli en héros à Marseille ? Surtout quand cela s'accompagne en prime d'une humiliation de Jean-Luc Mélenchon. Lequel, pourtant député du coin, s'est retrouvé ce soir-là relégué à l'anonymat sur une terrasse quasi vide, quelques mètres plus loin.

23

Goûte-t-il la fréquentation des artistes et des intellectuels ?

« Ils sont dans les vieux schémas. Ils regardent avec les yeux d'hier le monde d'hier. Ils font du bruit avec de vieux instruments. »

Emmanuel Macron, cité par Philippe Besson dans *Un personnage de roman*

Il avait tout pour devenir l'un des leurs. Après deux quinquennats marqués par une certaine distance entre les univers intellectuel et politique, Emmanuel Macron devait être celui qui retisserait les mille fils du lien brisé. Le jeune surdoué n'avait-il pas tous les éléments en main : un mémoire sur Hegel ; la fréquentation d'un maître, le philosophe Paul Ricœur ; un passage par l'ENA ; un amour de la littérature. Même son double échec à l'École normale supérieure ne semblait pas constituer une faute éliminatoire. D'autant que, pour parfaire le tableau, il s'est entouré de Sylvain Fort, un germaniste amateur d'opéra, normalien agrégé de lettres classiques connu et reconnu par ses pairs.

Pourtant, rien ne s'est passé comme prévu. Avant même son élection, les critiques ont commencé à pleuvoir. On lui a reproché la scénarisation de son lien avec Paul Ricœur, avant d'en interroger la sincérité et l'intensité. On a ensuite vivement contesté ses propos d'estrade, tenus lors d'un meeting à Lyon, où il a cru bon d'affirmer qu'il n'existait « pas une culture française » mais « une culture en France », laquelle serait « diverse et multiple ». On ne lui a, enfin, jamais pardonné ses accusations, reproduites dans le livre de Philippe Besson *Un personnage de roman*, où il étrille les « intellectuels stars ». « Ils sont dans les vieux schémas. Ils regardent avec les yeux d'hier le monde d'hier. Ils font du bruit avec de vieux instruments », s'acharne-t-il. Avant de leur asséner le coup de grâce : « Ils sont sur leur Aventin. Ils n'aiment pas l'action politique, mais vivent de son commentaire. Ils sont devenus des éditorialistes. Des esprits tristes englués dans l'invective permanente. »

Cette saillie assassine illustrait les limites du « en même temps », slogan qui n'a eu de cesse de le renvoyer à ses contradictions. Celles, d'abord, d'un homme pressé qui semblait attaché au temps long. D'un politique prêt à tout pour asseoir son « nouveau monde », quitte à installer une querelle artificielle entre de prétendus « Anciens » et d'autoproclamés « Modernes ». L'éruption des Gilets jaunes, leur violence inouïe, a sonné comme un brutal rappel à l'ordre. Personne au sein de l'écosystème élyséen n'avait vu venir cette crise. Et ce pour une raison simple : les rares essayistes qui avaient alerté sur le malaise français, à l'instar du géographe Christophe Guilluy, n'avaient plus droit de cité. Du moins jusqu'au « grand débat », lancé pour esquisser la réconciliation.

Une soixantaine de scientifiques, d'économistes, de philosophes et de spécialistes des sciences humaines ou de l'environnement ont fait le déplacement en mars 2019 pour se retrouver dans la salle des fêtes du palais de l'Élysée. Quelques-uns – les philosophes Alain Finkielkraut et Sylviane Agacinski, l'économiste Frédéric Lordon – ont refusé l'invitation. Les autres ont pensé qu'ils tenaient leur revanche. Une fois sur place, ils ont pourtant eu le sentiment d'être venus écouter un grand oral. Prendre une leçon. Leur supplice a duré plus de huit heures, Emmanuel Macron prolongeant les discussions jusqu'à 2 heures du matin. « De manière générale, est-ce que, en fin de compte, ce genre d'exercices sont des réussites ? Pas sûr. Chacun essaie de faire briller sa propre étoile, et la conversation est rarement passionnante[1]... », tranche le patron du MoDem, François Bayrou.

1. Entretien de François Bayrou avec l'auteur.

Emmanuel Macron n'a d'ailleurs jamais prisé ce genre d'aréopage. « Les mondanités, ce n'est pas son truc. Il me semble apprécier les artistes et les grands esprits plus pour leurs œuvres que pour leur fréquentation[2] », confirme le président de l'Assemblée nationale Richard Ferrand. Le chef de l'État préfère tisser un lien direct avec des individualités, généralement pour une rencontre le vendredi soir. « Je vais au théâtre, au concert, et je visite les expositions[3]… », énumère-t-il. Parfois, c'est lui qui reçoit. Chaque fois qu'il le peut, le président s'efforce d'installer un rapport personnel. « J'invite à dîner de manière régulière des artistes ou des intellectuels, pour leur regard, leur réflexion, leur sensibilité, et le moment de liberté que cela me procure », confirme-t-il. La liste des rares privilégiés reste discrète. Quelques noms filtrent : les écrivains Philippe Claudel, Sylvie Germain et Pierre Michon ; les peintres Pierre Soulages et Pierre Alechinsky.

Mais ça n'est pas tout. Son ami le producteur et propriétaire de théâtres parisiens Jean-Marc Dumontet a également projeté le film *Les Chatouilles* et fait jouer la pièce *Plaidoiries* à l'Élysée à la rentrée 2019. Sur ces planches prestigieuses, Richard Berry a interprété tour à tour maître Michel Zaoui

---

2. Entretien de Richard Ferrand avec l'auteur.

3. Entretien d'Emmanuel Macron avec l'auteur, le 24 septembre 2020.

au procès de Maurice Papon en 1998, maître Gisèle Halimi au procès de Bobigny en 1972, et l'avocat Henri Leclerc plaidant pour Véronique Courjault en 2009, devant un parterre conquis de jeunes Franciliens de Seine-Saint-Denis et d'étudiants en première année de droit.

Des artistes ont aussi été invités à se produire pour des représentations semi-privées, dans le cadre des « Jeudis de l'Élysée » – devenus ensuite les « Mardis », avant d'être interrompus par la crise de la Covid-19. Lors de ce « rite » quasi mensuel, institué au début du quinquennat, le couple présidentiel leur proposait d'organiser des représentations au « Château », pour un public choisi d'environ deux cents personnes. Ni journalistes ni élus, mais des enfants malades, des jeunes de quartiers, des personnels de l'Élysée, des militaires en convalescence… : une population qui n'a pas accès à ce qui se fait « de mieux dans la culture », selon son expression.

Ces rendez-vous ont vu défiler les comédiens Fabrice Luchini et Philippe Torreton, le violoniste Renaud Capuçon, l'orchestre de la garde républicaine. Une seule règle les encadre : le secret absolu. Une seule fois la consigne a été contournée, et ce ne fut pas sans conséquence. Emmanuel Macron avait accepté d'être récitant du conte musical pour enfants *Pierre et le loup*. Révélé par BFMTV, l'épisode a été tourné en dérision. Le journal *Le Monde* a reproché au chef de l'État de se mettre « dans les pas » du

« jeune roi » Louis XIV, qui « interprétait des personnages dans les ballets donnés à la Cour », au château de Versailles. Furieux, Emmanuel Macron a renoncé à la diffusion de l'enregistrement de cette soirée. La maquette était pourtant prête et deux grandes maisons de disques avaient donné leur accord pour la publier. Quant aux droits, ils devaient être reversés à des associations pour l'aide à l'enfance.

Finalement, c'est avec les artistes et les « people » que le couple présidentiel semble être le plus en harmonie. « Je ne fais aucun dîner en ville », a beau prétendre le président. C'est oublier la myriade de célébrités invitées au restaurant La Rotonde, le soir du premier tour : les acteurs Pierre Arditi et Line Renaud, l'écrivain Erik Orsenna, l'économiste Jacques Attali, l'animateur Stéphane Bern, l'ex-eurodéputé Daniel Cohn-Bendit ou encore l'architecte Roland Castro… Lesquels étaient déjà pour partie présents à Bercy, lors de son dernier grand meeting de campagne en 2017. Mais c'était une autre époque. Quand il était encore possible de s'afficher à visage découvert lors de moments de convivialité. Comme le monde de la culture n'en a presque pas connu depuis la première vague du coronavirus et la fermeture qui lui a été imposée. Une décision arbitraire que beaucoup n'acceptent pas. Ceux qu'il avait l'habitude de fréquenter la lui pardonneront-ils ?

24

Méprise-t-il les journalistes ?

> « La volonté légitime de questionner un texte, une politique, je ne la remettrai jamais en cause, mais cette obsession de vouloir comprendre le contexte pour ne jamais parler du texte ou de l'action n'est pas légitime. »
>
> Emmanuel Macron aux vœux de la presse, le 3 janvier 2018

Dès l'entre-deux-tours de l'élection présidentielle, Emmanuel Macron se félicitait déjà du « traitement psychiatrique » qu'il était sur le point d'infliger au « monde médiatique ». « Les gens qui, pendant des mois, ont dit "ce type est une bulle", "ce type est une montgolfière", "ça va péter", "il ne peut pas tenir", etc. Le jour d'après, ils ne peuvent pas voir en moi le père de la patrie[1] », assénait-il, affirmant s'attendre à ce que « la bile

1. Entretien d'Emmanuel Macron avec l'auteur, le 28 avril 2017.

sorte ». Problème : c'est de lui qu'elle est venue. Théoricien de la « posture jupitérienne » et de la « parole rare », le président a confondu distance et condescendance. Certes, il y a été encouragé par sa cellule de communication, soucieuse de le tenir le plus éloigné possible des micros. Pour deux raisons au moins. Se démarquer de François Hollande, dont le penchant pour les confidences venait de lui coûter sa capacité à se représenter. Mais aussi pour devancer un supposé « retour de bâton » de la presse, qui chercherait à humilier celui qu'elle n'avait pas vu arriver.

Étaient particulièrement dans le viseur : les journalistes « politiques », couteaux suisses des rédactions, censés connaître un candidat sous toutes les coutures, puis « couvrir » l'actualité relative à l'Élysée dans tous les domaines. L'exercice est d'autant plus périlleux que les présidents de la République sont convaincus que celui-ci est systématiquement saboté. « Tous ceux que j'ai connus, sans exception, ont tous eu le sentiment que les médias jouaient contre eux[2] », confirme le patron du MoDem, François Bayrou.

Pas plus que ses prédécesseurs, Emmanuel Macron n'a échappé à ce sentiment de persécution. Mais plutôt que de subir cette prétendue situation, il a tenté, dès les premières semaines de

2. Entretien de François Bayrou avec l'auteur.

son quinquennat, de maîtriser la moindre information. Il a d'abord interdit au gouvernement de répondre aux traditionnelles questions en sortie de Conseil des ministres. Puis, il a souhaité choisir les journalistes qui l'accompagneraient dès son premier déplacement au Mali : des spécialistes des questions diplomatiques. Cette volonté d'ingérence a été très mal prise, au point qu'une vingtaine de rédactions ont publié une lettre ouverte rappelant que ce type d'initiative « n'appartenait en AUCUN CAS à l'Élysée ».

Mal engagées, les relations entre l'exécutif et le « quatrième pouvoir » n'ont cessé de se dégrader, du fait du « verrouillage » très strict imposé par Sylvain Fort et Sibeth Ndiaye, responsables de la communication élyséenne. Convaincu que la maîtrise parfaite de l'information durant la campagne électorale serait reproductible au pays, le duo n'a pas su – ou pas voulu – accepter l'idée que le rapport direct aux Français ne remplacerait jamais le filtre journalistique. Et que la parole officielle devait nécessairement s'accompagner d'une part d'explication. Il faut dire que le président de la République n'est pas étranger à cet entêtement. Il l'a d'ailleurs reconnu lors de ses premiers « vœux à la presse », le 3 janvier 2018. « La volonté légitime de questionner un texte, une politique, je ne la remettrai jamais en cause, mais cette obsession de vouloir comprendre le contexte pour ne jamais parler du texte ou de l'action n'est pas légitime », avait-il cru bon de tancer. En ajoutant que « cette saine distance » lui paraissait indispensable, quitte à ce qu'elle vienne bousculer « des habitudes qui avaient été prises » et qu'elle fasse « naître une animosité en réaction ».

Cet étrange propos a laissé accroire qu'il pourrait mettre en cause la liberté de la presse et son rôle de contre-pouvoir. « Nous avons une presse qui ne cherche plus la vérité », a-t-il carrément lancé au plus fort de l'affaire Benalla. Puis il a tenté, pendant de nombreux mois, de déménager la salle de presse hors du palais de l'Élysée. Officiellement, il s'agissait de libérer une vingtaine de mètres carrés dans la cour d'honneur pour en faire un espace de réunion. En réalité, l'opération visait à remettre les journalistes à leur place. Au sens le plus littéral du terme : c'est-à-dire dans une annexe du Château.

Cette affaire a été le prétexte d'une âpre bataille entre l'Association de la presse présidentielle – restée ferme sur ses principes – et la présidence de la République, arc-boutée sur ses positions. Le traitement médiatique de la crise des Gilets jaunes, à partir de la fin de l'année 2018, a conforté Emmanuel Macron : le paysage audiovisuel et numérique, en pleine crise, rogne sur la qualité pour satisfaire ses impératifs de rapidité. Certes, cela ne l'empêche pas de lire, connaître, commenter et critiquer quotidiennement tout ce que la presse compte de titres régionaux ou nationaux. Surtout *L'Équipe* et *Ouest France*, ses deux incontournables chaque matin. Mais, convaincu que si la parole de « Jojo le Gilet jaune » valait celle d'un ministre, voire la sienne, il a considéré qu'il n'avait plus de raison de perdre son temps avec un nouvel exercice hypocrite de vœux à la presse en 2019.

Cette posture était intenable. L'enlisement de cette crise sociale inédite, née en dehors de toute structure organisée, l'a obligé à revoir son traitement de tous les corps intermédiaires. Qu'il s'agisse des élus, des syndicats... et des médias. Le chef de l'État a renoué avec les grandes conférences de presse dès la fin avril 2019. Puis il a revu la stratégie de communication présidentielle, en acceptant les démissions de Sylvain Fort et Ismaël Emelien et en exfiltrant Sibeth Ndiaye au porte-parolat du gouvernement. Il a ensuite fait venir Philippe Grangeon, ancien « visiteur du soir » de François Hollande et ex-secrétaire confédéral de la CFDT. Un nouveau paysage était en place pour l'inauguration de l'acte II du quinquennat[3] et la « débunkérisation » du mandat.

---

3. Une formule employée par l'Élysée pour marquer sa volonté de repartir sur de bonnes bases après la crise des Gilets jaunes.

Dans les faits, Emmanuel Macron s'est prêté à une rencontre informelle de plus de deux heures avec l'Association de la presse présidentielle à la veille du G7 de Biarritz, en août 2019. Une pratique de l'ancien monde a été remise au goût du jour : le « off » dans l'avion, au retour de déplacements internationaux. Lors de ces échanges censés ne pas être rapportés, et n'ayant donc pas de valeur officielle, sans photos ni caméras, le ton est plus incisif, et l'ambiance, plus détendue.

À l'approche de la prochaine campagne présidentielle, le locataire de l'Élysée semble avoir carrément basculé dans l'excès inverse. De la parole rare au silence rare. En multipliant les interventions dans tout ce que le paysage médiatique compte de titres, chaînes et stations... Ainsi que de plateformes numériques et réseaux sociaux. Pourtant, il est toujours convaincu que son intention initiale de nouer un nouveau type de relations avec la presse « était juste », même si elle « a été mal comprise »[4]. Et qu'il l'a « sans doute forcée ». Au point qu'elle a été prise « comme de la distance, voire du mépris ».

4. Entretien d'Emmanuel Macron avec l'auteur, le 24 septembre 2020.

25

Aura-t-il une vie après l'Élysée ?

> « Le jour où le peuple décidera qu'il ne faudra plus que je gouverne, je sais ce que je ferai. »
>
> Macron au *Time*

Élu président avant ses quarante ans, Emmanuel Macron quittera l'Élysée avant d'en avoir cinquante. Soit parce que les Français en auront décidé ainsi dès 2022. Soit parce que la Constitution l'y obligera au printemps 2027, après un second mandat. Quel que soit le scénario, le futur ex-président comptera parmi les plus jeunes retraités de France. Et il le sait. La prise de conscience a été aussi brutale que radicale. Elle a eu lieu sur le parking de Whirlpool, à Amiens, durant l'entre-deux-tours de la campagne de 2017. Marine Le Pen venait de s'offrir un impressionnant bain de foule auprès des salariés, menacés de licenciement faute de repreneur du site. Le candidat d'En marche !, lui, a reçu un accueil nettement plus hostile. Avant de parvenir à reprendre la situation en main, il a été très bousculé. Notamment sur son profil et sa personne. « Il y a un gars qui m'a dit : "Vous allez nous emmerder pendant quarante ans, on va devoir payer pour vous…" », se souvient-il encore. La remarque le fait immédiatement réfléchir au bien-fondé des avantages dont bénéficient les anciens membres de l'exécutif. « Il faut entendre ce truc ! Sinon ça va traumatiser les gens de mon âge… », s'inquiète-t-il en petit comité. Avant de trancher : « Il faut modifier le statut présidentiel. »

Il pense alors à la « retraite à vie ». L'un des derniers privilèges qui a survécu à la guillotine en France, et qui permet aux anciens présidents de percevoir 6 220 euros brut par mois, soit environ 5 200 euros net. Le tout sans condition de durée ni de plafond de revenus. Il faut y renoncer, et c'est lui qui donnera l'exemple. Sa décision est prise. Il ne l'annoncera pourtant que deux ans et demi plus tard[1]. À mi-mandat. Lorsque cela servira d'argument marketing pour tenter de défendre sa réforme des retraites, ambitieux projet censé créer un régime unique universel et un système financièrement équilibré.

1. L'Élysée réserve cette annonce au *Parisien* le 21 décembre 2019.

Cet épisode prouve que, bien avant d'être élu, Emmanuel Macron songeait déjà à l'avenir. Et même à l'« après ». Ce défi qu'aucun de ses prédécesseurs n'a jamais relevé, malgré des trajectoires très différentes. Il y a d'abord ceux qui n'en ont pas eu l'occasion : c'est le cas du général de Gaulle, mort un an après avoir démissionné, le 9 novembre 1970 ; de Georges Pompidou, qui s'est éteint en cours de mandat, le 2 avril 1974 ; de François Mitterrand, qui a succombé à un cancer dans la foulée de son second septennat, le 8 janvier 1996 ; et enfin de Jacques Chirac, contraint au retrait par la maladie avant de s'éteindre le 26 septembre 2019. Il y a ensuite ceux qui ont échoué dans leur tentative : c'est le cas de Valéry Giscard d'Estaing, dont le projet de Constitution européenne a été rejeté par la France lors du référendum de 2005[2] ; et de Nicolas Sarkozy, qui n'est pas parvenu à remporter la primaire de son camp pour se représenter en 2017 après avoir été battu en 2012[3]. Il y a, enfin, celui dont le parcours et les projets ne sont pas clairs depuis qu'il a quitté l'Élysée : François Hollande, qui fait plus souvent

2. Le traité établissant une Constitution pour l'Europe a été rejeté par 54,68 % des suffrages exprimés.

3. Battu par François Hollande (51,64 %) au second tour de la présidentielle de 2012, Nicolas Sarkozy a été éliminé dès le premier tour de la primaire de la droite en 2016 (20,67 %).

parler de lui pour ses commentaires liés à la vie politique plutôt que pour l'actualité de sa fondation consacrée à l'innovation sociale.

Dès lors, qu'en sera-t-il d'Emmanuel Macron ? Fera-t-il mieux, moins bien, ou autrement que les autres ? « Le jour où le peuple décidera qu'il ne faudra plus que je gouverne, je sais ce que je ferai, a-t-il affirmé dans une longue interview au magazine *Time*, en 2019. J'écrirai. C'est pour cela que je suis très serein concernant le futur. [...] Je suis prêt à être seul, et au calme. » Après avoir mené sa présidence au même rythme que sa vie – au pas de charge –, le voilà qui rêve de quiétude et d'anonymat ? « Ce qu'il dit n'est pas à prendre à la lettre, décrypte l'ancien ministre chiraquien et fondateur de La Droite avec Macron, Renaud Dutreil. Cela signifie que sa vision du monde sera nettement plus distanciée : comme l'est celle d'un écrivain par rapport au réel. Ce mot "écrire" signifie pour lui devenir observateur, interprète, voire guide[4] », analyse-t-il.

Le désir d'écrire a toujours été présent chez Emmanuel Macron. Il ne s'en est jamais caché. Adolescent, il aurait même rédigé un roman d'aventures de trois cents pages, dont l'intrigue – un poil érotique – se déroulait en Amérique du Sud. Presque personne n'a eu accès au texte. Mais

4. Entretien de Renaud Dutreil avec l'auteur.

l'auteur, qui a secrètement conservé le manuscrit, n'exclut pas de le publier un jour. Lorsqu'il le jugera « lisible ». « Donc il faut que je le retravaille », s'amuse-t-il. Une fois ce projet achevé, se lancera-t-il dans l'écriture de ses Mémoires, façon Charles de Gaulle ? De ses Passions, comme Nicolas Sarkozy ? Ou de ses Leçons du pouvoir, à la François Hollande ? « Il y a toujours, chez les hommes politiques éminents, chez nos chefs d'État, la tentation fantasmatique de pouvoir contribuer à l'œuvre littéraire nationale. C'est très français, relève le président de l'Assemblée nationale, Richard Ferrand. On verra ailleurs et plus tard s'il donne une lecture de notre histoire, une vision philosophique ou une œuvre romanesque. Qui sait ? Mais Emmanuel Macron est à ce stade un homme beaucoup plus actif que contemplatif, plus acteur que littérateur[5] », ajoute-t-il. Difficile, donc, de l'imaginer posté derrière un clavier, à observer un écran dans lequel son visage n'apparaîtrait plus que par effet de reflet.

Alors il faudra trouver un moyen de faire autre chose. De se réinventer. Fidèle à sa réputation d'être toujours « là où on ne l'attend pas », Emmanuel Macron pourrait tenter d'embrasser à peu près n'importe quelle carrière. « Je pense que mon tempérament n'est pas d'essayer de refaire des choses

5. Entretien de Richard Ferrand avec l'auteur.

similaires ou de tourner autour[6] », esquisse le président de la République. Ce ne sera donc pas la politique nationale. Mais cela laisse de nombreuses autres portes ouvertes. En dehors de la littérature, il y a au moins deux voies qu'il pourrait emprunter sans difficulté : l'entreprenariat et l'international. « Il a eu plusieurs vies avant. Donc il a en tête qu'il pourrait en avoir d'autres, reconnaît l'ancien ministre de l'Intérieur, Christophe Castaner. Il pourra être capitaine d'industrie comme il pourra reprendre une petite boîte parce qu'il sentira que c'est une pépite, et décider de la faire monter en puissance[7] », imagine-t-il. Car il sait que cette fibre est présente chez son champion. Si François Hollande et Manuel Valls ne l'avaient pas rattrapé par le col à l'époque, Emmanuel Macron aurait d'ailleurs pu tenter sa chance dès l'été 2014. Après avoir quitté le secrétariat général adjoint de l'Élysée, le jeune trentenaire a envisagé, avec ses amis Ismaël Emelien et Julien Denormandie, de créer une start-up autour de l'éducation numérique. Mais le projet n'a pas résisté à l'appel de Bercy.

« Quoi qu'il fasse, il est de ceux qui ne se réalisent qu'à travers des challenges impossibles

---

6. Entretien d'Emmanuel Macron avec l'auteur, le 24 septembre 2020.

7. Entretien de Christophe Castaner avec l'auteur.

à atteindre[8] », croit savoir l'ex-porte-parole du gouvernement, Sibeth Ndiaye. La vie d'ancien président qui se contente des cérémonies officielles et de quelques inaugurations ? Très peu pour lui. Et si cela passait en revanche par l'Europe ? Après la France, son autre grand rêve. Il est non seulement persuadé que les nouveaux clivages s'articulent autour de cette question. Mais il considère surtout le Vieux Continent comme un acteur incontournable du multilatéralisme auquel il est tellement attaché. Il y voit un échelon indispensable pour réussir à peser entre la Chine et les États-Unis. Cette conviction, très théorique, s'est souvent heurtée à la réalité. Il l'a lui-même reconnu : la crise du coronavirus a prouvé que l'Union n'était « pas au rendez-vous ». Surtout sur la question des vaccins. Rattraper le coup n'a pas été chose aisée. Mais il y est à peu près parvenu.

Heureusement, car avant cela son bilan à Bruxelles est longtemps resté maigre. Qu'il s'agisse de l'encadrement du travail détaché, de l'interdiction du glyphosate ou des questions de défense... Malgré la débauche d'énergie qu'il y a consacrée pendant quatre ans, les projets esquissés lors du fameux discours de la Sorbonne[9] se sont presque

8. Entretien de Sibeth Ndiaye avec l'auteur.

9. Lors d'un discours prononcé le 26 septembre 2017, Emmanuel Macron décline son projet européen et propose

tous soldés par des échecs. Ou des demi-victoires. Jamais rien d'éclatant. Ni symboliquement ni politiquement. Même le couple franco-allemand a semblé à l'arrêt. Car en plus de douter de ses capacités à réformer structurellement l'Hexagone, Angela Merkel n'a pas supporté l'arrogance et le cavalier seul de son homologue.

Conjuguée au Brexit, cette paralysie a menacé l'Europe d'un funeste avenir. Mais, fidèle à sa tradition, l'Union a attendu une crise pour se renforcer. Comme si seules les tempêtes pouvaient sortir ce gigantesque paquebot de son inertie et le contraindre à avancer malgré ses nombreux déséquilibres internes. À la faveur de la Covid-19, Emmanuel Macron a réussi à convaincre Angela Merkel de faire sauter l'un des principaux tabous outre-Rhin : la mutualisation de la dette et la redistribution. Face à un double défi à la fois sanitaire et économique – à l'ampleur inédite –, le président et la chancelière se sont entendus à l'été 2020 sur un plan de relance de 750 milliards d'euros.

Loin d'être une fin en soi, cet accord a renforcé la conviction – déjà bien ancrée chez Emmanuel Macron – que seule l'Europe permet d'obtenir de

---

notamment de créer une armée commune, d'instaurer un budget de la zone euro et de présenter des listes transnationales aux élections.

telles marges de manœuvre. Il en va de même, selon lui, de la régulation de presque toutes les crises : celle des frontières, celle des migrants, celle du terrorisme, celle du climat, celle de l'environnement, celle du numérique… D'où l'idée qui lui trotte dans la tête : rendre à l'Europe sa superbe d'antan, après avoir tenté le pari de redresser la France – et à condition d'y être parvenu. Cette perspective fait hurler ses adversaires souverainistes, qui redoutent que les nations ne finissent par transférer leurs compétences à Bruxelles. Mais elle suscite l'enthousiasme de nombreux macronistes. Stéphane Séjourné, eurodéputé LREM et conseiller politique d'Emmanuel Macron, en fait partie. Il n'est pas le seul.

Reste à définir le projet qu'il faudrait alors porter. Et la structure la plus adaptée pour l'appliquer. En clair, un programme. La présidence française de l'UE, en janvier 2022, a été pensée comme une rampe de lancement. « Le problème des exécutifs internationaux tels qu'ils existent aujourd'hui, c'est qu'ils ont plutôt des rôles de "brokers" [opérateurs sur les places financières anglo-saxonnes] que de "leaders". Et ça, je ne suis pas sûr que ce soit tout à fait son tempérament. C'est quelqu'un qui aime faire, avant d'aimer coordonner[10] », prévient l'ancien conseiller David Amiel. Et pour cause :

10. Entretien de David Amiel avec l'auteur.

président de l'Europe, cela n'existe pas. Le scénario reste à écrire. Ce pourrait être l'histoire d'une nouvelle vie. À condition de ne pas être balayé par les Français, qui le jetteraient avec l'eau du bain de la crise sanitaire. Comme Winston Churchill l'a été au Royaume-Uni après la Seconde Guerre mondiale[11]. « Je pense qu'on ne quitte pas ces fonctions en reprenant le cours totalement normal des choses », se contente d'imaginer Emmanuel Macron. Sans toutefois aller plus loin pour l'instant. « C'est trop tôt pour le dire. Je n'ai pas la disponibilité personnelle pour me projeter. » En tout cas pas au-delà de 2022.

11. Le Premier ministre britannique sortant perd les élections législatives de 1945 et prend la tête de l'opposition.

Remerciements

À Jean-Christophe Buisson, pour sa confiance,
À Vincent Jolly, pour ses encouragements,
À François-Xavier Bourmaud et Marcelo Wesfreid, pour leurs précieux conseils,
Au Figaro, *pour avoir rendu ce projet possible,*
À Emmanuel Hecht, pour sa patience et son exigence,
À Noémie, pour sa présence.

Table

Pour en savoir plus
sur les Éditions Perrin
vous pouvez consulter notre site Internet

www.editions-perrin.fr

lisez!

et nous suivre sur les réseaux sociaux

Editions Perrin

@EditionsPerrin

@editionsperrin

MIXTE
Papier issu de sources responsables
FSC® C003309
FSC www.fsc.org

L'éditeur de cet ouvrage s'engage dans une démarche de certification FSC® qui contribue à la préservation des forêts pour les générations futures.

Pour en savoir plus :
www.editis.com/engagement-rse/

Achevé d'imprimer en avril 2021
dans les ateliers de Normandie Roto Impression s.a.s.
61250 Lonrai
N° d'impression : 2101484

Imprimé en France